« L'

Collect



L'HISTOIRE EN MOUVEMENT

**Adressez les commandes à votre libraire
ou directement aux**

*Éditions L'Harmattan*

5,7 rue de l'École Polytechnique
F - 75005 Paris
Tél : 00[33]1.40 46 79 20
Fax : 00[33]1.43 25 82 03
commande@harmattan.fr
http://www.editions-harmattan.fr

ISBN : 978-2-8066-3738-3 D/2021/9202/10

---


Grand'Place, 29
B-1348 Louvain-la-Neuve

---



**www.eme-editions.be**

Xavier De Schutter

# Les errances d'Ulysse

ÉDITIONS EME

*Ulysse revient dans son palais à Ithaque en compagnie de son porcher Eumée.*
*Le vieux chien Argos meurt d'émotion en revoyant son maître.*

Ulysse et Argos, par A. Titeux et Th. Devilly
(illustrateurs de la traduction de l'Iliade et l'Odyssée par E. Bareste en 1842-1843)

# Remerciements

Geneviève Lacroix a scrupuleusement lu et corrigé le premier jet de ce livre. Elle y a débusqué moult coquilles, barbarismes, répétitions et autres termes rares à expliciter en note de bas de page. Je la remercie pour cette aide efficace et précieuse.

Le jeune instituteur qui nous enseignait en 2e année primaire – j'ai oublié son nom mais pas son enseignement – nous racontait une histoire en fin de semaine lorsque nous avions été sages. Nous l'étions car pour rien au monde nous n'aurions voulu être privés de cette récompense qu'il nous offrait par épisodes. Le récit était long. Et pour cause, il s'agissait de l'*Odyssée*. J'étais suspendu aux lèvres du conteur. J'ignorais bien sûr à l'époque les mots *aède* et *Muses*, mais notre instituteur m'emmenait dans le monde de l'imaginaire mythologique qui allait m'accompagner durant toute ma vie. Je n'oublierai jamais que j'ai quitté la classe en pleurant lorsqu'il nous raconta les retrouvailles d'Ulysse avec son chien Argos. C'est sans doute à ce conteur que je dois, un demi-siècle plus tard, l'envie d'écrire le présent livre. Puisse-t-il recevoir ma gratitude et mon souvenir ému.

*Tout prisonnier de guerre, tout exilé retenu pour quelque motif,*
*loin de son pays, une fois la guerre terminée,*
*est probablement à sa façon un petit Ulysse.*

Moravia, *Le mépris* (1954)

*Ulysse est l'archétype de l'immigré dans lequel se reconnaissent*
*nombre de Grecs de la diaspora d'hier et d'aujourd'hui.*

Fernand Comte, *Les héros mythiques*
*et l'homme de toujours* (1993)

*Ulysse invente l'exploration gratuite*
*dont les Européens auront le monopole.*

Sylvain Tesson, *Un été avec Homère* (2018)

*Ulysse est un faux voyageur, aventurier*
*par force et casanier par vocation.*

Vladimir Jankélévitch, *L'aventure, l'ennui, le sérieux* (1963)

*Cet errant est l'être le plus enraciné qui soit.*

Suzanne Saïd, *Homère et l'Odyssée* (1998)

# Préface

Au VIIIe siècle avant notre ère, vraisemblablement sur l'île de Chios, le verbe se fit hexamètre dactylique et Homère chanta la guerre de Troie. Homère, le père de la poésie, le pionnier européen dans l'art de la plume. Cette guerre, prototype de tous les conflits qui scandent l'histoire, eut lieu à l'Âge du Bronze, aux environs de 1300 avant notre ère, soit approximativement un demi-millénaire avant que le poète ne nous en relate les événements. Il chante la lointaine époque où les dieux se mêlaient encore aux hommes. Il chante le temps du mythe et des exploits héroïques.

Vers 800 avant Jésus-Christ, Homère invoqua la Muse, et l'*Iliade,* merveilleux récit de la guerre qui opposa Achéens et Troyens, prit forme écrite[1]. Du moins celle qui nous est parvenue, car tout porte à croire qu'il exista des versions antérieures, transmises par voie orale et sans cesse enrichies de génération en génération. Jusqu'alors, ce récit avait en effet été colporté d'aède en aède, sans recours à l'écriture. En ces temps qui précèdent l'écrit, temps préhistoriques par définition, les poètes étaient inspirés par les Muses, filles de Zeus. Le poète Homère a écrit ce que l'aède chantait (*aïdein* en grec).

1 Le plus ancien exemplaire écrit qui nous soit parvenu remonte à Pisistrate : le tyran d'Athènes (VIe siècle avant notre ère) fit établir une édition du texte que les rhapsodes devaient réciter intégralement lors de la fête des Panathénées qui se déroulait tous les quatre ans. C'est dans cette édition athénienne que nous lisons Homère encore aujourd'hui.

Mais qu'est-ce qu'un aède, au juste ? C'était une sorte de troubadour qui gagnait son pain en psalmodiant ses morceaux d'épopée devant les nobles et les rois, que ce soit à la cour de Mycènes, de Tirynthe, de Pylos, d'Ithaque ou d'ailleurs. Il jouait lui-même d'une sorte de lyre, la *phorminx*. Peut-être était-il aussi accompagné de quelque joueur de flûte ou de cithare qui faisait office de ménestrel dans les palais achéens. Sans doute allait-il aussi vendre ses services de conteur dans les bars populaires où le repas lui était assuré. Puis vint Homère et la poésie écrite naquit en alphabet sur les rives orientales de la mer Égée[2]. Et la magie de l'écrit immortalisa Agamemnon, Ménélas, Achille, Hector, Pâris, Ulysse, Ajax et tant d'autres héros issus des temps mythiques.

À l'*Iliade* succéda l'*Odyssée,* récit des tribulations d'Ulysse lors de son retour de la guerre. L'*Odyssée* est le poème du retour semé d'embûches, de monstres et de femmes. Nous y découvrons Circé, Calypso, les Sirènes, les Cyclopes, Pénélope, Eumée, le chien Argos, les prétendants et bien d'autres encore. De nombreux savants ont douté que les deux œuvres aient été écrites par le même poète. La première dresse le portrait de héros guerriers, la seconde narre des histoires de marins. Hypothèse qui fit couler beaucoup d'encre inutile. La « question homérique » en est presque devenue une science en soi. De nos jours, les philologues reconnaissent qu'Homère fut bien l'auteur des deux épopées. Il est assurément le père de la poésie européenne.

Tous les enfants grecs de l'Antiquité ont appris à lire et à écrire dans Homère. Ils en ont appris de larges extraits par cœur. Ils connaissaient toutes ces péripéties, ces périples, ces exploits, ces destins héroïques, ces interventions divines. Tout, ils connaissaient tout sur le bout des doigts. Enfin, du moins les bons élèves, car des cancres il en exista de tout temps.

[2] L'alphabet grec inspiré du modèle phénicien naquit un ou deux siècles avant Homère, soit aux environs de l'an mille avant notre ère. La Grèce avait déjà connu l'écriture dès 1900 avant notre ère, aux époques minoenne et achéenne (le vase de Phaïstos, quelques hiéroglyphes, les linéaires A et B, ce dernier traduit par John Chadwick et Michael Ventris en 1952), mais cette écriture syllabique disparut vers 1200 et il fallut attendre les contacts commerciaux avec les Phéniciens pour redécouvrir l'écriture qui, cette fois-ci, était alphabétique.

Homère eut l'audace de commencer l'*Iliade* à la neuvième année de guerre, lors de la colère d'Achille, sans juger utile de nous apprendre quoi que ce soit sur les causes de la guerre, ni sur sa préparation, ni sur les neuf premières années de conflit. Il a débuté son récit au moment où la guerre allait bientôt s'achever. Mais il a poussé l'audace plus loin encore, jusqu'à arrêter son récit avant l'épisode du cheval de Troie dont il nous parle toutefois dans l'*Odyssée*. Il ne s'est même pas donné la peine de conter la chute de la ville de Priam. Même constat pour l'*Odyssée* : Homère ne dit rien de la vie d'Ulysse après son retour à Ithaque ni des heureuses retrouvailles avec son épouse. Il est difficile de croire qu'il enfila ses charentaises et mena une vie paisible au coin du feu en regardant grandir ses petits-enfants.

Pourquoi l'aède devenu poète s'est-il autorisé de tels silences ? C'est très simple : parce que le public connaissait toutes ces histoires. Le poète pouvait débuter *in media parte*, tout le monde parvenait à situer l'épisode dans son contexte. D'autres textes viennent heureusement combler ces silences, tels que le *Cycle troyen* et les tragédies où l'on apprend ce qui se passe *avant* le début de la guerre de Troie et *après* le retour d'Ulysse dans sa patrie. Inutile de présenter les célébrissimes tragiques – Eschyle, Sophocle et Euripide – qui nous content le suicide d'Ajax, le retour désastreux d'Agamemnon à Mycènes ou le sort des femmes troyennes après le massacre de leur mari. En revanche, il n'est sans doute pas inutile de présenter rapidement le *Cycle troyen, corpus* écrit par de nombreux auteurs obscurs qui vécurent entre le VIII^e^ et le VI^e^ siècle avant notre ère. On y trouve entre autres Stasimos de Chypre, Leschès de Mytilène, Arctinos de Milet, Agias de Trézène ou Eugammon de Cyrène, autant d'illustres inconnus qui voulurent combler les silences d'Homère et livrer une histoire complète de la guerre de Troie. Par malheur, leurs textes sont presque entièrement perdus. Seuls nous sont parvenus le résumé qu'en fit, au V^e^ siècle, le mythographe byzantin Proclus, ainsi que quelques citations de scholiastes érudits.

Les Grecs se passionnaient pour la recherche de l'origine des choses et des événements. N'est-ce d'ailleurs pas ainsi que sont nées en Grèce l'histoire et la philosophie ? Les historiens Hérodote et Thucydide tentaient de remonter aux causes des guerres, tandis que les Présocratiques s'interrogeaient sur l'*archè*, le commencement. Quelle fut la cause première ? Telle est la question qui les taraudait. Elle en taraude encore plus d'un aujourd'hui. Qu'y avait-il au début ? L'Eau ? Le Feu ? L'Air ? La Terre ? L'Indéterminé ? Les Nombres ? Les Idées ? Le *Logos* ? Dieu ? Voilà la question fondatrice de la philosophie grecque.

Il en va de même pour la guerre de Troie : quelle fut donc son *archè* ? Une première réponse fuse : la guerre fut causée par l'enlèvement d'Hélène. Oui, mais cette réponse appelle une question : quelle fut la cause de ce rapt ? Réponse : il fut causé par le jugement de Pâris qui trouve lui-même son origine dans la pomme de la Discorde jetée par la déesse Éris furieuse de n'avoir pas été conviée au mariage de Thétis et Pélée, mariage qui lui-même résultait de la prédiction de Prométhée concernant le danger potentiel pour Zeus d'avoir un fils avec Thétis. Et rien ne se serait passé si Ulysse n'avait suggéré que les courtisans d'Hélène prêtent serment de venir en aide à celui qui allait devenir son mari, Ménélas de Sparte. À toutes ces causes qui nous font remonter en cascade vers l'*archè*, le *Cycle cyprien* de Stasinos de Chypre en ajoute une autre toute malthusienne : Zeus aurait fomenté la guerre dans le but de soulager la terre surpeuplée d'hommes... À vrai dire, nul ne sait quelle fut la cause première de la guerre de Troie.

Ce modeste livre vise le même but que les poèmes du *Cycle troyen* : conter les événements qui précèdent et suivent ceux que racontent l'*Iliade* et l'*Odyssée* ; raconter *ab ovo* ce qui s'est passé *avant* la colère d'Achille et compléter le récit en précisant ce qui s'est passé *après* la mort d'Hector et ce qu'est devenu Ulysse *après* avoir retrouvé Pénélope à Ithaque. Entre les deux, il y a bien sûr le récit homérique. J'ai pris le parti de transformer ces quelque 27.000 vers en une autobiographie qu'aurait écrite Ulysse lui-même. Cette version prosaïque n'a d'autre ambition que d'être accessible au public contemporain rebuté par la lecture *in extenso* de l'œuvre d'Homère, et si, d'aventure, ce livre devait éveiller chez le lecteur le désir de retourner à la source, j'estimerais avoir fait œuvre utile.

À ces récits antiques, j'ai eu envie d'écrire une postface, brève mais ouvrant des portes vers d'autres fins possibles. J'y évoque ce qu'Ulysse est devenu sous les plumes de Dante, du Bellay, la Fontaine, Giono, Giraudoux, Saraï, Kazantzakis, Joyce et quelques autres. Car Ulysse appartient à l'imaginaire qui s'autorise à réinventer les mythes et, ce faisant, les fait vivre.

# Introduction de la main de Télémaque

*Moi, Télémaque, fils d'Ulysse et de Pénélope, né à Ithaque, île bénie des dieux, je veux livrer à la postérité les Mémoires que mon père confia à ses tablettes d'argile. Je n'ai pas eu la chance d'être élevé par lui. Il a été appelé à la guerre alors que j'étais à peine né et il en est revenu lorsque j'avais déjà vingt ans. Mais toute mon enfance s'est résumée en une attente que je partageais avec ma mère : l'attente de son retour. Il est finalement revenu et a repris la place qui était la sienne, sur le trône d'Ithaque. Il n'a cependant pas résisté bien longtemps à l'appel du voyage et il est reparti. Puis à nouveau revenu. Sa vie n'a été que départ et retour. Le devin Tirésias lui avait prédit qu'il serait tué par un homme venu de cette mer qu'il avait tant parcourue. De fait, au terme de son existence qui fut une perpétuelle exploration du possible, il a été tué par erreur. Son meurtrier inattendu fut mon demi-frère Télégonos. Par chance, assagi par la vieillesse et perclus d'arthrose due aux années passées en mer, il consacra nombre de ses dernières heures à consigner par écrit sa vie et ses errances. Il y évoque son enfance, son attachement pour Ithaque, son amour pour Pénélope, sa participation à la guerre de Troie, son pénible retour et, de-ci de-là, fait même quelques allusions à moi, son fils dévoué. Après sa mort, j'ai découvert ses tablettes autobiographiques dans le coffre où il rangeait ses souvenirs. Je vous les livre telles quelles, sans rien y ajouter, sans rien y ôter. Je ne reprendrai le stylet qu'au terme de cette histoire pour vous conter la fin de ce héros que fut mon père, l'homme aux mille tours.*

# Je suis Odysseus le rusé

Quoique devenu célèbre sous le nom latin d'Ulysse, c'est sous mon nom grec Odysseus que me connaissent mes contemporains, les fiers Achéens[3]. Tout le monde a déjà entendu parler de moi, en Grèce bien sûr, mais aussi au-delà des frontières de l'Hellade sous au moins l'un de ces deux noms, Ulysse ou Odysseus. Je suis devenu une sorte d'archétype, le parangon de l'explorateur, le modèle de tout voyageur. Certes, d'autres iront sans doute plus loin que je n'ai été, mais peu d'aventures rivaliseront avec mon épopée. Je n'ai pas franchi les colonnes d'Hercule ni affronté la houle du vaste océan occidental, mais j'ai parcouru la Méditerranée comme personne ne l'avait fait avant moi et comme peu le firent après moi. Les îles que j'ai découvertes appartiennent à l'imaginaire dont je fus l'un des premiers à dresser la cartographie mythique.

Il suffit que je prononce mon nom pour que n'importe quel quidam, aussi illettré soit-il, prenne un air inspiré pour s'exclamer : « Ah, oui, le fameux Ulysse, l'homme aux mille tours, celui du cheval de Troie, l'infidèle mari de la fidèle Pénélope. Celui qui tant et tant erra à cause de la colère de Poséidon, celui qui navigua d'île en île et de femme en femme. Le naufragé qui atterrit dans les lits de la sorcière Circé et de la nymphe Calypso. Le fol qui, pas si infidèle que cela en définitive, refusa l'immortalité car il voulait revoir sa bienaimée, son fils, son palais, son île, son royaume et son chien ».

[3] Une variante dialectale du nom grec fut *Olysseus*. Le delta s'étant mué en lambda, cette variante a donné le nom romain d'*Ulysse*.

Et le quidam poursuivra peut-être en ajoutant : « Ah oui, le fameux Ulysse, le héros rusé qui aveugla le cyclope Polyphème puis le toisa en lui disant que son nom était Personne. Le seul homme qui jamais entendit la voix ensorcelante des Sirènes et survécut à l'épreuve. Celui qui fut l'hôte des Lotophages mais se garda bien de goûter à leur fruit narcotique ».

Tout le monde sait plus ou moins qui je suis et ce que je fis. Seul l'imbécile de Polyphème continue à me chercher en demandant à gauche et à droite si par hasard l'on n'aurait pas vu Personne car personne (ne) l'avait aveuglé... Chercher une personne ou ne rechercher personne, c'est tout pareil, et cet aphorisme résume à merveille la ruse et le mensonge dont moi, Ulysse, je suis capable. Ruse, car jamais le Cyclope ne retrouva ma trace. Mensonge, car en réalité, loin de n'être personne, je suis moi, Odysseus le bourlingueur.

Vous connaissez déjà mon histoire, ou à tout le moins les grands titres des chapitres de ma biographie épique. Et pourtant je vais vous la conter une fois encore. Parmi les lecteurs qu'amuseront mes récits se retrouveront peut-être quelques baroudeurs, amis des chemins de traverse et des périples improvisés, ainsi que, je l'espère, quelques amateurs de mythes. Je m'autorise à adresser à tous ces quidams potentiels un clin d'œil homérique car je suis le prototype épique de l'explorateur, l'archétype du voyageur égaré ou de l'émigré nostalgique de sa patrie. En l'occurrence, en ce qui me concerne, je suis un autochtone d'Ithaque à qui l'île natale fit mal durant vingt ans. Être bourlingueur n'est pas chose si aisée, car l'homme n'est rien sans ses racines.

Ma vie fut une exploration. Au vu de mes souffrances, synonymes de passions, elle fut tout autant une déploration. En tout cas une défloration des horizons inconnus. Un constant appel vers le large, un insatiable appétit pour l'ailleurs ont traversé mon existence. Au point de m'en être allé visiter l'au-delà afin de dialoguer avec les âmes défuntes. Comme vous voyez, nulle frontière ne m'a arrêté.

Moi, Ulysse, je suis un authentique outsider : je siège au-dehors. Emporté par les flots sur les voies imprégnées d'embruns, j'ai toujours été travaillé par la nostalgie du foyer familial et des terres dont je suis autochtone. Indigène d'Ithaque, arraché à mon île natale à cause d'un destin tissé par les dieux, j'ai passé ma vie sur les chemins du retour. En somme, mon histoire épique se résume à cela.

## Mes origines

Il n'est jamais inutile de dresser un arbre généalogique. Cela aide à se présenter ; remonter dans le temps en quête des origines permet d'enraciner ce et ceux dont on parle. Voici donc mes racines. À tout seigneur, tout honneur, commençons par mes ancêtres paternels. Mon père se nommait Laërte. Quoiqu'un doute subsiste à propos de cette paternité, comme je vais vous le conter dans un instant. Il était roi d'Ithaque. Ceux qui ont entendu parler de mon vieux père Laërte, par exemple en feuilletant Homère, savent que durant mes tribulations sur la mer, il ne fit que survivre, rongé par le désespoir. Il passa ses vieux jours retiré sur ses terres arides, en compagnie de ses chèvres. Il partageait avec sa bru, ma chère Pénélope, la même attente, le même espoir, mon *nostos,* « mon retour » de Troie. Il est notoire que je me fis attendre deux décennies, et sa vieillesse en fut ternie.

Ce que peu savent en revanche, c'est que mon père Laërte était fils d'Arcisios et que mon grand-père Arcisios était lui-même fils de Céphale, qui lui-même était fils de Délion, né d'Éole qui fut engendré par Hellen, l'ancêtre de tous les Hellènes, lui-même né de Deucalion qui fut avec son épouse Pyrrha l'aïeul de l'humanité actuelle. Ma lignée remonte donc très haut, comme il se doit pour un authentique aristocrate achéen. Elle remonte jusqu'à Deucalion qui, avec l'Utnapishtim sumérien de l'Euphrate, le Noé hébraïque du Jourdain ou le Manu sanskrit de la plaine gangétique, fut l'un des rares hommes à survivre aux eaux dévastatrices qui engloutirent le monde antédiluvien. Mon ancêtre Deucalion repeupla la planète de sa nombreuse progéniture.

On raconte des tas de choses à propos de mes ancêtres. Une rumeur circule selon laquelle mon arrière-grand-père Céphale, ne parvenant pas à avoir d'enfant, était allé consulter l'oracle pythique pour demander à Apollon le moyen d'obtenir une filiation. La Pythie lui conseilla de s'unir au premier être féminin ou à la première femelle qu'il croiserait. Quittant le sanctuaire de Delphes, il s'en retourna chez lui à travers le mont Parnasse et là, son chemin croisa celui d'une ourse splendide. La bête se donna à l'homme, l'homme s'unit à la bête qui sous ses caresses amoureuses se transforma en une ravissante jeune femme. La femelle devint femme. Elle lui donna un fils, Arcisios, mon grand-père, fort et agile comme un plantigrade. Mais en voilà assez pour ma branche paternelle. Ne remontons pas jusqu'au déluge.

Côté maternel à présent. Laërte épousa Anticlée, dont les eaux utérines allaient me bercer durant neuf mois avant que je ne voie le jour. Si mon père Laërte se morfondait en guettant mon retour, ma mère Anticlée supporta moins encore ma trop longue absence et les fausses rumeurs qui, de par la Méditerranée, circulaient au sujet de ma mort. Il paraît que les auteurs de ces fausses nouvelles cherchaient à venger l'âme de Palamède car je suis responsable de son injuste mise à mort. Je vous expliquerai cela sous peu. En attendant, certaine de ne plus jamais me revoir, ma mère mourut de chagrin ou peut-être même se suicida-t-elle, je ne sais trop. Je la revis pourtant, mais une seule fois et très furtivement, au prix d'une descente dans le royaume des ombres où je tentai en vain de la serrer dans mes bras.

Elle était la fille d'Autolycos, lui-même né d'Hermès en personne. Le dieu des voyageurs et des voleurs est donc mon arrière-grand-père maternel. C'est parce que ce sang divin et ancestral coule dans mes veines que je suis amateur de voyage et volontiers menteur ou, à tout le moins, bonimenteur. J'ai évidemment hérité ma ruse légendaire de cette ascendance. L'on me surnomme souvent « l'homme aux mille tours » ou « le très rusé », le *polytropos* ou le *polymètis*. Cette ruse qui contribua à me rendre célèbre m'a permis plus d'une fois de me sortir d'un mauvais pas. Mon esprit est inépuisable en inventions mais surtout je suis très habile à donner au mensonge l'apparence de la vérité. En fait, mon talent principal, c'est la tromperie et le mensonge. Athéna, elle-même fille de Métis, la Ruse, et experte en stratégie – cette ruse militaire – me l'a dit un jour : « *Tu ne penses qu'aux contes de brigands et aux mensonges chers à ton cœur depuis l'enfance* ». C'est d'ailleurs ce qui lui plaît en moi. Si elle m'est si souvent venue en aide durant ma vie, c'est parce qu'elle a reconnu en moi l'intelligence rusée qu'elle possède au plus haut degré.

Autolycos avait reçu de son divin père Hermès le don de chaparder sans jamais être pris. Il était le roi du larcin malin. Toutes les ruses lui étaient connues : rendre blanc le noir et noir le blanc était pour lui un jeu habituel. J'ai hérité de sa ruse, mais aussi de l'une de ses rapines : un précieux casque en cuir recouvert de défenses de sanglier qui me rendit grand service lorsque je combattais sous les remparts de Troie.

En ces temps-là, le bétail était monnaie marchande et marchandise convoitée par les voleurs. Le *vulgum pecus* – le vulgaire bétail – faisait office de *pécule*. À peine sorti du berceau, Hermès lui-même n'avait-il pas montré l'exemple en volant le cheptel de son frère Apollon ? Autolycos, dans les veines de qui coulait le sang hermétique, poussa l'audace jusqu'à dérober le bétail de Sisyphe.

Sisyphe ! Il était rusé au point de tromper les dieux eux-mêmes, ce pour quoi d'ailleurs il subit le tristement célèbre châtiment que lui infligea Zeus. Je vous passe les raisons de cette condamnation. Sachez cependant que Sisyphe menaçait l'ordre du monde en empêchant Thanatos de faire son office : plus personne ne mourait sur terre. Zeus cosmocrate rétablit l'ordre en envoyant Sisyphe à tout jamais dans le Tartare où il roule sa pierre sans aboutir nulle part sinon au départ de son inutile course. Car qui veut trop s'élever retombe de haut. Pour avoir convoité l'immortalité, Sisyphe a chuté dans la prison des dieux où il est condamné aux travaux forcés. Croyez-moi, je m'en suis souvenu lorsque Calypso me proposa d'acquérir l'immortalité entre ses bras. Mais laissons cela pour l'instant, l'histoire du vol du bétail de Sisyphe se déroule avant cette condamnation par Zeus, maître du cosmos et détenteur des lois.

Autolycos avait donc volé le bétail de Sisyphe. Fort mécontent, Sisyphe vint récupérer son troupeau et, durant son séjour chez Autolycos, il séduisit la fille du voleur, la belle Anticlée, peu avant son mariage avec Laërte. Il n'est pas exclu que Sisyphe se soit vengé d'avoir été volé en volant à son tour : il aurait confisqué à Laërte la virginité de ma mère Anticlée. Du coup, mon arbre généalogique se complique et contient une énigme : je ne sais trop si mon géniteur fut Laërte ou Sisyphe. Disons Laërte, par commodité. Nous nous accorderons ainsi à la tradition populaire la plus répandue. Je garde toutefois une affection presque filiale pour le malheureux – et potentiellement mien père – qui pousse inutilement son rocher jusqu'à la fin des temps. Qui mieux que lui résume si héroïquement l'existence humaine ?

D'aucuns prétendent que c'est parce que Sisyphe *irrita* Zeus qu'on me nomma *Odysseus* vu que *odyssomai* signifie « irriter, ulcérer ». En somme, mon nom *Ulysse* rimerait avec *ulcéré* et désignerait « l'enfant de la haine ou de l'irritation ». De fait, j'ai *irrité* Poséidon et toute mon odyssée dérive de cette irritation divine. Mais la vérité est peut-être plus triviale : mon grand-père Autolycos m'aurait donné ce nom car sa fille, ma mère Anticlée, me mit au monde dans la montagne un jour où une forte pluie avait coupé la route et tout accès à un abri. Cette anecdote a donné en grec *kata tèn* ***od****on* ***us****en o* ***Zeus***, « Zeus pleuvait sur le chemin », ce qui en abrégé donne *Od-ys-seus*. Pour le dire autrement, je ne suis pas né de la dernière pluie. Une rivière de pluie n'a pas empêché ma mère de me mettre au monde, ni moi de poursuivre mon destin.

Avant que la funeste guerre n'éclate, j'ai vécu à Ithaque une enfance heureuse et suffisamment banale pour ne pas mériter d'amples développements. Le poil ne couvrait pas encore mon menton lorsque mon père Laërte me confia mes premières missions. Je fus envoyé en Messénie pour récupérer quelques moutons volés et j'en profitai pour visiter la cité de Sparte, toute proche, où j'allais plus tard rencontrer ma douce Pénélope. C'est lors de ce séjour dans le Péloponnèse que je fis la connaissance du roi Iphitos, célèbre pour ses talents d'archer. Les règles de l'hospitalité voulaient que l'on échange quelques présents de valeur afin de tisser de bonnes relations entre familles gouvernantes. Vous connaissez ça, la fameuse loi sociale du don et du contre-don. J'offris donc à Iphitos une épée et une lance, tandis qu'il me fit don de l'arc que son père avait hérité du dieu archer Apollon lui-même. Bander cet arc exigeait une force hors du commun. J'ai accroché la précieuse arme au mur de mon *mégaron*[4] et la dernière fois que je m'en servis ce fut pour tuer un à un tous les prétendants qui s'étaient incrustés dans mon palais afin d'y faire la cour à Pénélope et de coucher avec mes servantes. Je vous raconterai cela en son temps.

Mon grand-père maternel, Autolycos, aimait chasser. Alors que j'avais quinze ans, âge auquel un éphèbe se doit d'être initié pour passer de l'enfance à l'âge adulte, il m'invita à participer aux battues qu'il organisait sur le continent. Mon épreuve initiatique consistait à affronter seul un sanglier. Pour l'occasion j'étais armé d'une lance. J'acceptai avec plaisir car Ithaque, propice à la pêche, ne se prête pas à la chasse. Privée de plaines herbeuses, elle ne compte en effet aucun gibier de taille. Je traquai donc un puissant sanglier sur les pentes du mont Parnasse, à un jet de pierre du sanctuaire de Delphes. Je serrai le sanglier de trop près et, se retournant contre moi, l'animal affolé m'enfonça profondément ses défenses d'ivoire dans le pied droit. Je tuai la bête, mais je gardai une cicatrice dont j'ai longtemps tiré grande fierté. C'est cette cicatrice qui, bien plus tard, permit à ma vieille servante Euryclée de me reconnaître lorsque je revins déguisé à Ithaque, après vingt ans d'absence.

## Ithaque

Je grandis à Ithaque entre mon père Laërte – père quelque peu putatif, comme je l'ai dit – et ma chère mère Anticlée. Le couple était installé sur cette très modeste île située aux confins occidentaux du monde grec. C'est là que régna mon père, c'est là que je

[4] Le *mégaron* est la grande salle située au rez-de-chaussée des palais mycéniens, le salon en quelque sorte. L'appartement des femmes – le gynécée – quant à lui, se situe au premier étage.

naquis. Ithaque, le royaume dont j'héritai, mon chez-moi – moi qui ne fus pas souvent chez moi – est tout au plus un îlot ceint par quelque 572 stades[5] de côtes découpées que borde l'azur de la mer Ionienne. L'île, tout en longueur, se compose de deux montagnes[6] que relie un isthme étroit, sorte de pont entre le nord où se dresse mon aristocratique palais adossé au mont Néion, et le sud où mon fidèle porcher Eumée, qui vit au milieu de ses bêtes, a bâti sa cabane en bois pourvue d'une seule fenêtre.

Une demi-journée de marche suffit pour parcourir l'île de bout en bout. Du côté oriental qui profite des lueurs matutinales de l'aurore, l'île n'offre que falaises abruptes et baies échancrées. Certes, quelques chemins parcourent cette côte déchiquetée, mais ils sont rudes à emprunter et même dangereux lorsqu'Éole est d'humeur méchante. Deux beaux golfes y permettent toutefois le mouillage, et c'est donc cette côte orientale qui abrite les deux ports de l'île[7]. De l'autre côté, là où le soleil se couche le soir, les rives sont plus aisées, plus basses, plus vertes et souriantes. Elles sont d'ailleurs parcourues par un agréable chemin côtier. Combien de fois ne m'y suis-je pas retiré pour contempler le déclin de l'astre ? Combien de fois Pénélope et moi n'y avons-nous terminé nos journées en devisant à propos de tout et de rien, amoureusement enlacés et ivres l'un de l'autre ? Ces promenades vespérales et le spectacle de la mer qui brasille au crépuscule m'ont poursuivi en rêve durant mes vingt ans d'absence. Je me suis souvent demandé si mon fils Télémaque y exerçait sa catapulte de garnement en pensant à son père parti à la guerre et porté disparu depuis lors.

De ce côté, un étroit chenal d'à peine dix à vingt stades[8] sépare Ithaque de Céphalonie[9], la plus grande et la plus riche des îles io-

[5] Approximativement 110 km.

[6] Au nord, le mont Niritos, dont le nom antique était Néion (806 m) et au sud le mont Marathias appelé Nériton dans l'Antiquité (552 m).

[7] Au nord le petit port de Reithron (actuelle Frikes) qu'Ulysse aperçoit depuis son palais ; au sud le port de Phorcys, non loin de l'actuelle Vathi et de la grotte des Nymphes où, lors de son retour, Ulysse cacha les cadeaux précieux que lui avaient faits les Phéaciens.

[8] Approximativement de 2 à 4 km.

[9] Un autre nom pour Céphalonie était Samé. Il faut préciser que l'identification des îles citées par Homère fait débat jusqu'à aujourd'hui.

niennes. D'ailleurs, mes sujets sont appelés Céphaloniens plutôt que Ithaquiens. Cela dit, Ithaque est et reste l'éponyme de mon royaume. Céphalonie se dessine à contre-jour sur l'horizon crépusculaire lorsque le soleil entame sa plongée vespérale à l'Occident.

La petite Ithaque domine et se trouve au cœur d'un archipel qui, outre Céphalonie, s'étend au nord jusqu'à Leucade[10], et elle englobe Zakynthos[11] au sud. Sans parler des minuscules îlots qui égrènent la mer et incitent au cabotage. Leucade est si proche du continent qu'on s'y croirait déjà : la lumière insulaire y cède place à cette luminosité plus lourde, propre aux terres continentales de l'Acarnanie dont je contrôle également les côtes et où je fais paître mon bétail. J'y fais escale chaque fois que je vais consulter l'oracle de Zeus à Dodone ou celui d'Apollon à Delphes. Quant à Zakynthos, elle regarde en direction du Péloponnèse où j'allai chercher épouse, ainsi que je vais bientôt le raconter.

Un rapide coup d'œil sur la carte permet de réaliser à quel point mon archipel est idéalement situé en mer Ionienne pour faire la jonction entre le pays des Hellènes et l'Occident. Malheureusement, en ces temps où je vécus et régnai, la prospérité se trouvait exclusivement en Orient, sur les rives ioniennes de l'Asie Mineure, sur la terre cananéenne des Hébreux, au cœur du mystérieux pays hittite, aux tréfonds de l'empire babylonien où, entre deux fleuves, fut inventée l'écriture, sur la vénérable île minoenne qui exerça la première thalassocratie connue, ou encore dans l'Égypte des pharaons dont les origines semblent remonter à la nuit des temps. À cet égard, en termes géopolitiques pourrions-nous dire, les Cyclades étaient bien mieux situées que mon archipel occidental.

Quant à cet Occident vers lequel regardait mon royaume insulaire, il n'était encore peuplé que de paysans italiotes, d'Illyriens hirsutes et, plus loin dans le continent, de Celtes chevelus. Un temps viendrait où les Étrusques, peuple raffiné s'il en est, apporteraient la noble civilisation grecque aux descendants de Romulus[12]. Mais

[10] Le nom antique de Leucade était Doulichion.

[11] Zakynthos également nommée Zanthe.

[12] En tyrrhénien, langue des Étrusques, Ulysse se dit Nanos, « l'Errant », ce qui convient à merveille au héros.

pour l'heure, mis à part les mines d'étain[13], il n'y avait pas grand gain à espérer de ces contrées tournées vers le jardin vespéral des Hespérides[14]. Le commerce avec ces peuples arriérés n'a guère enrichi mes greniers d'Ithaque. En ces temps, tous les regards étaient tournés vers l'Orient. Nous étions tous orientés. Or, ce n'est pas un détail, Troie se situe à l'est. Mais, chaque chose en son temps, restons encore un instant à Ithaque.

Comme partout en Grèce, les terres intérieures de mon île sont montagneuses. Pour dire vrai, ce sont des collines plutôt que des montagnes puisque le point culminant, le mont Néion situé au nord, dépasse à peine quatre stades de hauteur[15]. Ce n'est déjà pas si mal si l'on songe que la montagne la plus haute de Grèce, l'Olympe lui-même, ne s'élève qu'à un peu plus de quinze stades[16] au-dessus de la mer Égée.

Le sol d'Ithaque est sec et aride, mais il y pousse cependant des pins et des cyprès qui offrent un agréable ombrage aux heures chaudes de l'été, lorsque les cigales chantent leur hymne solaire à Apollon. De plus, l'île produit en suffisance relative, selon que les saisons soient bonnes ou non, le blé qui nourrit les hommes et la vigne qui procure le vin, tandis que la mer fournit toujours son lot de poissons. Ce n'est pas l'opulence, mais nous ne manquons de rien. Et puis, et surtout, je possède un cheptel riche de plusieurs milliers de bêtes : mon île est un « pays à chèvres et à porcs », comme on dit. Bouviers, chevriers, porchers et autres pâtres s'affairent en permanence dans cet élevage[17]. Certes, l'exiguïté de mon île toute verticale et rocailleuse ne laisse guère de place aux plaines verdoyantes où pourraient paître un lourd bétail et s'ébattre de fiers chevaux. C'est pourquoi mes vaches et mes moutons paissent en Acarnanie, sur le continent. J'ai réalisé ce qui

13 Mines d'étain qui, aux époques archaïque et classique, seront convoitées par l'Eubée et par Corinthe.

14 Ce jardin était situé à l'extrémité du monde occidental.

15 Le mont Neion s'élève à 806 m d'altitude, soit 4,19 stades ou 2514 pieds.

16 Le mont Olympe s'élève à 2917 m, soit 15,17 stades ou 9102 pieds.

17 En ces temps homériques, c'est le bétail qui constitue la richesse par excellence. Notre terme *pécule* ne provient-il pas du latin *pecus* qui signifie « bétail » ?

manquait cruellement à Ithaque le jour où j'ai traversé la plaine de l'Élide « nourricière de chevaux » ou la plaine de Thessalie, patrie d'Achille, elle aussi riche en hordes hippiques. Cela dit, à défaut d'être opulent, mon royaume est un havre paisible où il fait bon vivre. Ses deux ports – Reithron au nord et Phorcys au sud – ont d'ailleurs excellente réputation auprès des matelots marchands qui vont et viennent sur la vaste mer. Ils ne manquent jamais d'y faire escale avant de s'élancer vers le large qui mène aux côtes étrusques riches en étain.

Depuis que mon père fatigué de l'existence m'a cédé le trône, je règne sur mon archipel tétranèse – je veux dire sur Ithaque, Céphalonie, Zakynthos et Leucade – depuis mon palais bâti à l'extrémité nord d'Ithaque, au pied du mont Néion[18]. La petitesse d'Ithaque est rachetée par la beauté de ses paysages et par la présence de mon palais royal : c'est depuis Ithaque que je règne sur mon archipel ionien. Certes, si on le compare au palais d'Agamemnon à Mycènes, à celui de Ménélas à Sparte ou à celui d'Alcinoos en Phéacie, mon palais est plutôt modeste, mais il ne manque pas de confort. De plus, sa situation est idéale car depuis ma terrasse j'aperçois les allées et venues des navires qui manœuvrent dans la rade en contrebas.

De solides murailles protègent ma royale demeure où le visiteur, toujours bienvenu, accède par une volée d'escaliers taillés à même le rocher de la colline. Ces escaliers sont particulièrement abrupts car l'édifice construit tout en hauteur épouse les flancs escarpés du mont. Les lourds blocs de pierre de cette enceinte sont tellement imposants que le peuple colporte la rumeur selon laquelle les géants Cyclopes eux-mêmes en furent les bâtisseurs. L'imagination populaire rapporte d'ailleurs les mêmes calembredaines à propos des murailles du palais d'Agamemnon à Mycènes ou celui de Nestor à Pylos. Quiconque les a vus le sait : les palais achéens en imposent. Il faut avoir contemplé la plaine de l'Argolide depuis le *mégaron* d'Agamemnon à Mycènes pour comprendre à quel point un palais achéen est un mirador, une forteresse inexpugnable qui surveille et domine les horizons noyés dans une brume

[18] La ville d'Ulysse correspond vraisemblablement à l'actuel Port Polis (*Port de la ville),* face à Céphalonie.

de chaleur. Le mien ne surplombe nulle plaine sinon celle que parcourent les vagues inlassables. En contrebas de mes murs serpentent les ruelles d'une cité sinueuse, modeste mais fière.

Ithaque est ma patrie, ma terre sacrée, celle que je mis dix ans à retrouver lorsque je revenais de la guerre de Troie.

## Pénélope

Les années insouciantes de la prime jeunesse furent suivies par quelques inoubliables moments passés en compagnie de mon épouse Pénélope. Voici comment je fis sa connaissance. Son père Icarios était spartiate. Il avait épousé une Nymphe des sources, la Naïade Périboea qui lui donna cinq fils et une fille, Pénélope. Icarios avait un frère, Tyndare, oncle de Pénélope et père de nombreux enfants, dont les jumeaux Castor et Pollux, ainsi que deux filles tout aussi célèbres, Clytemnestre, future épouse et meurtrière d'Agamemnon, et la belle Hélène, destinée à Ménélas, roi de Sparte. Tyndare se doutait que la beauté envoûtante de sa fille Hélène allait lui causer quelque ennui. Depuis la création de Pandore, la beauté féminine excite les esprits et les corps des mâles. De fait, venus de toutes les régions de la Grèce, de nombreux et vaillants nobles – nonante-neuf au total – parmi lesquels se comptaient plusieurs têtes couronnées, tournaient autour d'Hélène, prêts à faire n'importe quoi pour obtenir son hymen, rivalisant et prompts à s'affronter tels de jeunes coqs. Tyndare n'osait accorder sa fille à l'un de peur de mécontenter les nonante-huit autres princes. Avait-il pressenti que sa fille serait à l'origine d'une désastreuse guerre ?

L'exceptionnelle beauté d'Hélène lui avait d'ailleurs valu d'être enlevée alors qu'elle n'avait encore que dix ans. Le héros athénien Thésée avait tenté de la ravir pour faire d'elle son épouse, mais il échoua car la fillette fut ramenée à la maison par ses deux grands frères Castor et Pollux qui la chaperonnaient avec vigilance.

Lorsque la nouvelle parvint que Tyndare mettait la demoiselle à marier, les mâles accoururent de partout. J'ai moi aussi fait le voyage jusqu'à Sparte dans le but de rencontrer la belle Hélène, et plus si affinité, m'étais-je dit. J'avoue en effet que je caressais le secret espoir de supplanter tous les prétendants, et pourtant ce fut avec sa cousine Pénélope que je revins à Ithaque. Tyndare ne devint pas mon beau-père, mais c'est à lui que je dus cet inattendu et heureux mariage avec sa nièce.

Voici comment cela se passa. Tyndare me tenait en affection et me fit part de ses inquiétudes à propos de la beauté fatale de sa fille Hélène. Je n'avais qu'une petite vingtaine d'années, j'étais encore inexpérimenté mais déjà assez sagace pour dispenser de bons conseils. Je suggérai donc à Tyndare d'obliger tous les prétendants à la main de sa fille de prêter un serment : ils devaient s'engager non seulement à ne pas contester le choix d'Hélène lorsque celle-ci aurait jeté son dévolu sur l'un d'eux, mais ils devaient en outre jurer qu'ils se porteraient au secours de l'élu si besoin était. Par malheur, le serment fut prêté par tous les courtisans, moi y compris.

Hélène jeta son dévolu sur Ménélas, roi de Sparte, et convola en justes noces avec lui. Bien évidemment, ce choix déçut les nonante-huit autres prétendants, dont moi. Il n'empêche que mon conseil, dans un premier temps, porta ses fruits puisque personne ne contesta l'union. Cependant, la joute pour conquérir le cœur de la belle n'était que différée car, par la suite, la beauté d'Hélène allait faire couler beaucoup de larmes et de sang. N'anticipons pas, mais vous l'aurez deviné : le serment de Tyndare, par moi conçu, aura de sérieuses implications. Sans doute aurais-je dû m'abstenir le jour où je donnai ce maudit conseil à Tyndare. Mais il est facile – et parfaitement inutile – de se donner des conseils après coup, lorsqu'on connaît la suite des événements.

Tyndare manifesta sa reconnaissance en m'accordant la main de sa nièce Pénélope. Icarios, le père de ma promise, n'eut rien à y redire et je devins ainsi son gendre. Lors des réjouissances qui accompagnèrent notre union, mon beau-père organisa une course que je gagnai sans difficulté. D'aucuns ont prétendu qu'il avait proposé sa fille comme prix à la course et que c'est par cette victoire que je reçus Pénélope en mariage. Il n'en est rien, car en réalité ce sont mes conseils avisés qui me valurent l'estime de mon beau-père et la main de sa fille, bien avant ma victoire à la course qui fut postérieure. C'est ainsi que je rentrai à Ithaque avec, à mon bras amoureux et le cœur léger, ma jeune et belle épouse.

Mon beau-père Icarios m'avait pourtant proposé de rester sur ses terres et de m'installer à Sparte, ce qui lui permettrait, disait-il, de ne pas être séparé de sa fille et de garder un beau-fils valeureux à ses côtés. La proposition était généreuse et la riche plaine de Laconie ne manquait pas d'attrait, mais la cité de Sparte est bien trop éloignée de la mer pour qu'un marin puisse y élire domicile. De surcroît, l'austère mode de vie des Spartiates n'avait rien pour me plaire. Je refusai donc. Icarios insistait lourdement : « Ne prive pas mes vieux jours de mon enfant chérie », me dit-il lors du banquet nuptial. Ma ruse surprit tout le monde – elle n'a cessé de le faire depuis lors – lorsque j'invitai Pénélope à choisir elle-même entre son père et moi, entre Sparte et Ithaque. Mon épouse ne s'était pas encore affranchie de sa timidité de jouvencelle et n'osa pas répondre, mais elle rougit et, par pudeur, se couvrit le visage d'un voile. Quoique silencieuse, cette réponse était aussi éloquente que touchante. Icarios comprit et s'inclina. Par la suite, il éleva sur les lieux de ce charmant échange un sanctuaire à la déesse Pudeur. Pénélope venait de conquérir mon cœur. Toute ma vie en atteste, malgré mes errances, tribulations et infidélités.

C'est ainsi que je regagnai ma patrie insulaire avec Pénélope. Nous passâmes des jours heureux dans mon palais. Certes, ce n'était pas elle que j'étais allé quérir à Sparte, mais le destin avait décidé que ce serait avec elle que j'en reviendrais. À moins que ce ne soient les dieux qui aient lié nos vies ? Je ne sais trop. La volonté des dieux se confond souvent avec le destin, et ce qui passe aux yeux des hommes pour un hasard n'est généralement que l'intervention anonyme d'une divinité. Lors de notre arrivée à Ithaque, j'organisai bien sûr de somptueuses fêtes et tout le monde, nobles, gens du menu peuple, manouvriers, pâtres, pêcheurs et même esclaves – car lorsque j'offre je n'oublie personne – tout le monde put se régaler à mes frais durant neuf jours et neuf nuits d'affilée. Les fourneaux n'étaient pas encore froids lorsque, las de festoyer, je m'attelai à une tâche devenue d'heure en heure plus urgente :

je confectionnai notre couche nuptiale en équarrissant le fût d'un olivier dont je fis le montant de notre lit. Je l'incrustai ensuite d'or, d'argent et d'ivoire. Une fois la couche achevée, j'élevai tout autour les murs de notre chambre. Ce lit fut notre conjugal secret : nul autre que Pénélope et moi ne connaissait la structure ingénieuse de l'alcôve qui abrita notre amour durant trois ans. Ce lit fut notre symbole[19], au sens premier du terme.

## La pomme de la discorde

Trois ans, pas plus. Car la guerre m'arracha aux bras de Pénélope. Je n'avais pas plus de vingt-cinq ans. Notre fils Télémaque venait de naître lorsque parvint jusqu'à nous la triste scansion des bottes guerrières. Les chefs achéens étaient tombés d'accord pour faire coalition contre la cité de Troie. J'ai tout de suite compris que leur objectif premier était le pillage de cette opulente ville asiatique, enrichie par le trafic commercial entre le Pont-Euxin[20] et la mer Égée. Et que l'objectif second consistait à contrôler le passage maritime des Dardanelles. Quant au prétexte qui mit le feu aux poudres, la justification idéologique de l'embardée, il s'agissait de la belle Hélène de Sparte. Ravie une première fois par Thésée alors qu'elle n'était encore qu'une enfant, elle venait d'être enlevée à nouveau. Cette fois-ci, le ravisseur était le prince troyen Pâris.

Pour comprendre l'enjeu du conflit, il n'est pas inutile de remonter quelque peu dans le temps. Les causes des guerres sont souvent enfouies dans de vieilles rancœurs. Voyons cela en détail,

[19] Le symbole, *symbolon* en grec, signifiait littéralement « ce qui est mis ensemble ». Il s'agissait d'un tesson de poterie ou de tout autre objet cassé en deux morceaux et partagé entre deux personnes. Lorsque ces deux personnes se retrouvaient ultérieurement, elles pouvaient se reconnaître à l'aide des deux morceaux qui s'emboîtaient. Le symbole est donc initialement un signe de reconnaissance.

[20] La mer Noire.

voulez-vous ? Les détails, c'est en eux que réside ce qui ressemble le plus à la vérité.

Le premier acte se joua dans l'Olympe où Zeus organisait la fête de mariage entre la Néréide Thétis et le mortel Pélée. En réalité, peu auparavant, Zeus était tombé amoureux de la ravissante Thétis. Il est vrai que le roi de l'Olympe tombe amoureux comme on respire. Cependant, il se garda bien de séduire la Néréide car *in extremis* Prométhée lui avait appris que Thétis – tout comme avant elle Métis – porterait un fils qui mettrait fin à son règne si d'aventure il venait à lui donner un enfant mâle. Zeus remercia prestement Prométhée en le libérant des chaînes qui le liaient au Caucase et s'empressa de se débarrasser de Thétis en la donnant en mariage au mortel Pélée et en se jurant de ne plus jamais approcher la Néréide porteuse d'un utérus au profil patricide. C'est ainsi que Thétis convola en justes noces avec Pélée. Du reste, le couple était mal assorti. Thétis n'aimait pas son mortel mari, mais elle se soumit à la décision de Zeus. Les mariés ne furent point heureux, mais ils eurent un enfant dont il sera encore question : Achille, le futur roi des Myrmidons, l'homme à la funeste colère.

Le sort de nombreux héros se décida au cours de ces noces. Car si Zeus avait invité tous les dieux et toutes les déesses à la fête, il s'était prudemment – et inefficacement – gardé de convier Éris, déesse de la Dispute et sœur du belliqueux Arès. Or, conviée ou non, la retorse déesse avait bien l'intention de gâcher la fête en y inoculant quelque motif de discorde. Elle s'en alla cueillir une pomme écarlate dans je ne sais quel jardin édénique et y grava consciencieusement ces quelques mots : « *Ce fruit, loin d'être défendu, est adressé à la plus belle d'entre toutes les déesses* ».

La fête battait son plein. Les Olympiens banquetaient, ripaillaient, festoyaient, bambochaient, transportés par les vibrations de la lyre apollinienne et les mélodies qu'improvisaient les Charites. L'ambroisie et le nectar coulaient à flots. Puis, en fin de soirée, à l'heure où la tête devient lourde, dieux et déesses se mirent à danser et tournoyer au rythme des tambourins bachiques qui enthousiasment les lubriques ménades et amusent l'Olympe. Alors donc que les noces de Thétis et Pélée semblaient une parfaite réussite, survint la pomme lancée par Éris depuis le lanterneau qui surplombe le *mégaron* du palais de Zeus où se déroule le drame qui suit.

Obéissant à la loi de la pesanteur, le fruit rouge atterrit au milieu de la piste de danse. Dès qu'ils eurent lu le message en manipulant la pomme, les dieux échangèrent entre eux un regard inquiet. Tous, Zeus, Poséidon, Hadès, Apollon, Hermès et les autres, tous réalisaient que quelque chose était en train de se passer sous leurs yeux sans qu'ils puissent y faire quoi que ce soit car Moira, le Destin, est plus puissante que tous les Olympiens réunis. Les déesses, quant à elles, s'adressaient de torves œillades, sourcils froncés et yeux sensuellement éveillés dans une femelle rivalité. Il ne fallut pas longtemps, tout au plus un cinquième de seconde, pour que trois d'entre elles, sublimes entre toutes, tendent avec assurance la main vers la pomme désormais convoitée autant qu'un trésor apte à assurer la gloire et la postérité.

J'ai nommé Héra, Athéna et Aphrodite. Héra, la reine des dieux et la déesse du mariage, garante de la monogamie et épouse du grand Zeus. La vierge Athéna, déesse de la stratégie et des occupations féminines au sein des gynécées, fille du même Zeus et de Métis. Aphrodite, déesse de l'amour physique et de la beauté, déesse engendrée par les gonades ouraniennes tombées depuis le ciel dans les flots marins à la suite d'une révolte castratrice, Aphrodite, fille de l'écume extraite d'un coquillage sensuel, et mère du désir érotique.

Toutes trois se tournèrent vers le trône de Zeus et, sans avoir à prononcer le moindre mot, elles lui firent comprendre qu'il devait trancher l'épineuse question. L'on sait aujourd'hui que les pommes sont parfois des fruits empoisonnés qui peuvent provoquer la chute. Mais à l'époque, on l'ignorait encore. On n'allait pourtant pas tarder à l'apprendre. Zeus réalisa instantanément que le moment était dangereux et qu'il lui fallait éviter de se mettre à dos ou son épouse possessive, pour ne pas dire jalouse, ou sa virginale fille née de son appareil encéphalique, ou bien sûr la déesse des plaisirs sensuels. Il refusa tout net d'arbitrer cette élection-là, bien trop risquée, même pour le roi de l'Olympe qui, tout roi fût-il, préférait éviter les problèmes familiaux et dynastiques. Il se tira d'affaire d'une manière qui, bien plus tard, fut rendue célèbre par un certain Ponce Pilate. Le père des dieux s'en lava les mains et confia l'arbitrage au premier humain qui lui vint en tête, un dénommé Pâris, jeune et beau prince troyen, fils de Priam et d'Hécube.

Impatientes d'être couronnées « miss Olympe », les trois déesses embrayèrent aussitôt en direction de Troie. Escortées par Hermès, elles vinrent se planter devant le beau Pâris qui n'en croyait pas ses yeux. Trois chars célestes portant trois créatures divines, là devant lui qui faisait paître les troupeaux de moutons de son père Priam sur le mont Ida. Hermès annonça la couleur : « Pâris, noble Troyen, fils de souche royale, écoute-moi, je suis mandé par le grand Zeus pour te demander de juger de tes yeux ; dis quelle est la plus belle d'entre ces trois. Voici la pomme que tu donneras à celle de ton choix en guise de prix. »

Les trois déesses se dévêtirent devant le jeune homme afin qu'il puisse étayer son jugement par la vue de ce qu'aucun humain n'avait jamais vu et jamais plus ne verra : trois déesses dénudées, chacune prête à tout pour être élue. Les dieux connaissent l'art de séduire, avec leurs promesses trompeuses et les blandices qui accompagnent toujours leurs propos, qu'ils soient mythologiques, prophétiques ou eschatologiques. Héra promit que s'il votait pour elle, elle ferait de lui le roi le plus puissant que la terre ait connu. Athéna revendiqua son suffrage en lui promettant qu'elle ferait de lui le héros le plus valeureux de tous les temps. Aphrodite usa de ses affolantes courbes, de sa chute de rein, de son vertigineux bassin et de sa poitrine marmoréenne pour appuyer ses paroles fleuries : si Pâris lui accordait la palme de la victoire, pomme de la discorde ne l'oublions pas, elle lui accorderait en mariage la plus belle des mortelles[21]. Le jeune prince Pâris n'hésita pas une seconde. Certes, le pouvoir royal qui assure l'empire du monde, et la gloire héroïque qui forge la renommée sont bien tentants, mais partager sa vie, ses petits déjeuners et son lit avec la plus belle des mortelles reste incontestablement le choix qui, depuis que les hommes

[21] On aura noté qu'aucune des déesses ne songea à lui offrir l'immortalité, ainsi que le fera Calypso lorsqu'elle tentera, en vain, de persuader Ulysse de rester auprès d'elle plutôt que d'aller rejoindre Pénélope.

sont hommes, s'impose par la force des choses. De toute façon, Aphrodite la Vénusienne[22] était incontestablement la plus belle.

La déesse de l'amour fut donc élue. Il est vrai qu'elle avait de sérieux arguments. Héra et Athéna s'en retournèrent dans l'Olympe sans le moindre *accessit*. Il n'y avait qu'une seule marche sur le podium de la grâce féminine. Héra et Athéna en gardèrent une vive rancœur à l'égard de Pâris et de tous les siens : elles décrétèrent que la ville qui avait vu leur défaite lors du concours de beauté devait disparaître et que ses habitants devaient être massacrés ou réduits à l'esclavage. Le destin des hommes se décide dans l'Olympe et la colère d'Héra et d'Athéna fixa le sort de Troie[23].

Une fois la sentence prononcée, Pâris s'enquit de sa récompense : où pouvait-il donc aller quérir cette merveille promise ? Aphrodite consulta son registre des beautés du moment et des goûts du jour, et apprit à Pâris que sa promise se nommait Hélène de Sparte. On ne sait trop si elle eut le tact de préciser que la belle en question était déjà mariée au puissant roi Ménélas ou si elle préféra taire le détail gênant. Car il y avait bel et bien ce hic : Hélène, la récompense promise, était mariée à Ménélas qui régnait sur Sparte. Elle lui avait déjà donné une fille, Hermione, âgée de neuf ans.

Toujours est-il que Pâris mit la voile pour gagner le Péloponnèse et y prendre possession de son dû, Hélène, un prénom qui signifie « grec », soit dit en passant. Ne se doutant de rien, Ménélas l'accueillit selon les règles sacrées de l'hospitalité. Après quelques jours, l'infortuné roi de Sparte dut se rendre en Crète pour assister aux funérailles de son beau-père. Il laissait ainsi au fourbe troyen le champ libre pour faire la cour à Hélène, en qui l'hôte indélicat voyait non pas la reine de Sparte mais la belle récompense que lui avait promise la déesse de l'amour.

Comme il fallait s'y attendre, la Spartiate et le Troyen se contèrent fleurette et explorèrent la carte du tendre. Et Ménélas ne

[22] Au génitif, complément du nom, le nominatif *Venus* devient *Veneris*. Et donc *vénusienne* aboutit à *vénérienne*... Voilà sans doute de quoi avertir que la pomme est parfois empoisonnée et que l'amour, comme la rose, porte de douloureuses épines.

[23] Tout comme la colère de Junon s'acharna sur Énée, un autre Troyen qui connut lui aussi son odyssée.

retrouva personne à son retour. Pâris avait filé avec la belle Hélène qui ne s'était pas fait prier : elle fut ravie dans tous les sens du terme. Nul doute possible puisqu'elle avait pris le temps de faire ses bagages et d'emporter ses bijoux et ses plus belles robes, tout en laissant derrière elle sa fille Hermione. La fidélité n'était une vertu cultivée ni par Hélène ni par sa sœur Clytemnestre comme le montrera la suite du récit.

Honteux d'avoir été berné par son invité et trompé par sa femme, Ménélas tenta dans un premier temps d'étouffer l'affaire. Il connaissait le serment de Tyndare dont je suis l'auteur, mais il préféra ne pas y avoir recours d'emblée. Imaginez la honte : quémander l'aide aux autres prétendants pour récupérer celle-là même qu'ils avaient tous convoitée et dont lui, Ménélas, n'était pitoyablement pas parvenu à s'assurer la fidélité ! Sachant que je suis de bon conseil, il me manda d'urgence pour l'accompagner jusqu'à Troie afin de régler pacifiquement l'affaire par des négociations. Un troisième ambassadeur nous accompagnait : Palamède, cousin de Ménélas. À l'époque, je ne le détestais pas encore, mais la suite des événements vous permettra de comprendre pourquoi j'ai voué ce maudit Palamède aux gémonies.

Ménélas, Palamède et moi débarquâmes donc à Troie pour tenter de convaincre Pâris et les siens de restituer l'infidèle à son époux. Cependant, les Troyens s'enorgueillissaient de compter parmi eux la plus belle femme du monde et celle-ci s'était, semble-t-il, entichée du jeune et beau Pâris. Rien n'y fit, ni les promesses de juteux contrats commerciaux, ni les cadeaux les plus précieux, ni les menaces ne firent fléchir le vieux roi Priam. Il considérait Hélène comme sa belle-fille et sa protégée. La lettre éplorée de Clytemnestre qui suppliait sa sœur de revenir ne convainquit pas davantage la belle infidèle qui avait trouvé un nouveau foyer, fût-il adultère.

Voyant que son affaire ne pouvait se régler par les voies diplomatiques, Ménélas changea de ton dès notre retour au pays. À l'entendre, l'honneur de la Grèce entière était bafoué et le rapt exigeait réparation. Il cria au scandale et rameuta toutes les têtes couronnées du monde achéen. Outre les nombreux rois qui répondirent à l'appel, l'armée fut grossie par tous les autres prétendants qui avaient prêté le serment de Tyndare. Maudit serment qui tout autant que la pomme d'Éris ou le rapt d'Hélène fut la cause de la guerre.

## Le départ pour Troie

Ménélas n'eut aucune peine à convaincre son frère Agamemnon de prendre la tête de l'expédition. Depuis sa citadelle, le belliqueux et cupide roi de Mycènes dominait l'Argolide entière et s'était imposé auprès des Achéens comme le *primus inter pares*. Cela faisait sans doute longtemps qu'il caressait le projet de s'emparer de Troie, gardienne des Dardanelles et du trafic qui s'opère entre la mer Égée et le Pont-Euxin. Lorsque le commandement lui fut confié par l'Assemblée des chefs urgemment réunie pour l'occasion, il envoya des messagers aux quatre coins du pays pour solliciter du renfort. Les Achéens ont toujours été des guerriers et la perspective du butin qu'allait leur offrir le royaume de Priam était alléchante. De surcroît, n'oublions pas que la plupart de ces aristocrates pressés d'en découdre avaient été des prétendants à la main d'Hélène. Suite au funeste conseil que j'avais donné à Tyndare, ils s'étaient engagés par serment à secourir l'époux qu'Hélène s'était choisi. Il serait fastidieux de vous nommer tous ces héros cuirassés de bronze qui répondirent à l'appel. Il y eut le vieux Nestor de Pylos, Ajax de Salamine, Idoménée de Crète, Diomède d'Argos, et bien sûr Achille roi des Myrmidons de Phthie en Thessalie, accompagné de son inséparable ami Patrocle, et tant d'autres.

Quant à moi, partir à la guerre était bien la dernière chose dont j'avais envie. Non que je sois pacifiste par conviction, mais mon fils Télémaque quittait à peine le berceau pour faire ses premiers pas. Pénélope et moi filions le parfait amour. Abandonner le bonheur du quotidien pour aller guerroyer, qui serait assez fou pour désirer cela ? Aussi, lorsque je vis accoster à Ithaque Ménélas et Palamède décidés à m'enrôler moi aussi dans cette guerre lointaine, je recourus à la ruse pour me faire exempter. Bien sûr, j'étais tenu de rejoindre la coalition puisque j'avais moi aussi prêté à Tyndare le serment de secourir le mari de sa fille Hélène, mais je tentai de m'y dérober en simulant la folie. Par malheur, Palamède déjoua mon stratagème. Lorsqu'ils arrivèrent chez moi, ils me trouvèrent habillé en paysan en train de labourer un champ avec une charrue à laquelle j'avais attelé un âne et un bœuf. Avec cet attelage invraisemblable, je semais du sel sur mes terres. Ménélas consterné me regarda et crut que j'avais perdu la raison, mais Palamède ne fut pas dupe. Il fit venir Télémaque et plaça l'enfant langé devant le soc de ma charrue. Je fus contraint de cesser de feindre la folie en tirant sur les rênes pour arrêter ma charrue avant qu'elle n'écrase le petit. C'est ainsi que je dus avouer que je n'avais pas perdu la raison et donc prendre part à l'expédition punitive contre Troie.

En somme, Palamède fut plus rusé que moi. Je ne lui ai jamais pardonné. Plus tard, je me vengeai de lui en le faisant passer pour traître : j'écrivis une lettre, un tissu de mensonges comme je suis prompt à imaginer, où il offrait ses services à Priam en échange d'une solide récompense en or. Je me débrouillai ensuite pour que le faux fût découvert et le tour était joué : Palamède fut arrêté, livré à Agamemnon, condamné comme traître et lapidé. Certes, on peut appeler cela un coup bas, mais ne venez pas me dire qu'il ne méritait pas ce sort : à cause de lui je fus privé de Pénélope durant vingt ans, à cause de lui je n'ai pas vu grandir mon fils. On a beau aimer l'errance et l'exploration, passer vingt ans loin des siens n'est pas une sinécure. Moi, Ulysse, je suis aussi celui qui se venge, ne l'oubliez pas. En tout cas, tous ceux qui courtisèrent ma femme ne sont pas prêts à l'oublier depuis l'Hadès où je les ai envoyés.

Quoique va-t'en guerre comme pas deux, Achille non plus ne fut pas facile à recruter. Ses parents Thétis et Pélée, ceux-là mêmes dont les noces furent gâchées par la pomme d'Éris, savaient qu'il ne reviendrait pas vivant de la guerre. À sa naissance, sa mère avait pourtant pris la précaution de le plonger dans les eaux noires du Styx qui rendent invulnérable, mais elle avait omis de tremper le talon gauche par lequel elle retenait le bébé. Le puissant Achille avait donc un talon vulnérable, un point faible par où la mort pouvait l'atteindre. Et surtout il avait lui-même opté pour une vie brève mais glorieuse plutôt que pour une longue existence passée dans l'anonymat. Afin de le tenir éloigné du danger, Thétis et Pélée décidèrent de le soustraire à la conscription en le confiant au roi Lycomède de Scyros, père de nombreuses filles. Le jeune Achille fut élevé parmi toutes ces gamines. Pour qu'il passe inaperçu, on l'habillait en fille et on l'appelait *La Rousse*. En fait de rousse, Achille était blond et conservait sa virilité sous son déguisement de travesti. J'en veux pour preuve qu'une des filles du roi lui donna un enfant, Néoptolème, qui vint tardivement nous rejoindre à Troie.

Lors des préparatifs de guerre, je me rendis en Thessalie afin d'enrôler Achille. Contrairement à moi, il fut ravi de partir à la guerre : le héros n'était pas taillé pour rester confiné dans un gynécée ! La raison pour laquelle je tenais à ce qu'il prenne part aux hostilités était simple : j'avais appris de la bouche du devin Calchas que la victoire contre Troie ne pourrait être remportée sans lui. Je menai mon enquête et j'appris où ses parents l'avaient caché. Je me rendis donc à Scyros. Déguisé en marchand spécialisé en mercerie, je proposai aux princesses maintes broderies, fibules dorées, étoffes chatoyantes, lingeries fines, affiquets, affûtiaux et autres brimborions. Elles se jetèrent sur cette pacotille comme la misère sur le monde. Seule *La Rousse* restait de marbre devant ces articles. J'avais pris soin de placer dans mes paniers quelques objets que seul un mâle convoite, à savoir l'une ou l'autre arme bien tranchante. Et *la Rousse* tomba dans le piège en portant avidement la main vers un magnifique poignard. Sa masculinité ainsi dévoilée, il fut obligé de quitter son déguisement pour me suivre jusqu'au camp achéen, non sans avoir préalablement recruté ses Myrmidons thessaliens.

Pas moins de 1186 vaisseaux – je les ai comptés – s'étaient rassemblés à Aulis, face à l'Eubée, et attendaient le signal de l'appareillage pour transporter sur l'autre rive de la mer Égée entre 60.000 et 100.000 Achéens. Nous ne sommes jamais parvenus à compter avec exactitude nos troupes car sans cesse elles grossissaient ! Je ne contribuai que modestement à cette flotte : mon archipel ne put aligner que douze navires, bien peu de choses en comparaison des cent nefs fournies par le généralissime Agamemnon ou des nonante bâtiments avancés par le vieux Nestor. Douze navires, à raison de cinquante-deux hommes par bâtiment (soit cinquante rameurs, le pilote et le capitaine), cela nous fait quand même 624 hommes. Ce n'est pas rien et mon contingent me valut une place d'honneur dans l'Assemblée des rois qui se réunissait sous les remparts de Troie pour délibérer. Il est vrai que je dus également cette place à mon aisance dans l'art de la rhétorique.

## Le sacrifice d'Iphigénie

Les troupes s'étiraient à perte de vue sur la plage d'Aulis où elles bivouaquaient avec de grands éclats de rire nerveux propres aux hommes prêts à s'élancer sur le front et y laisser la vie. Il fallait voir toute cette soldatesque armée de bronze jusqu'aux dents. Nous étions fins prêts à larguer les amarres. Il fallut toutefois temporiser car nul vent ne daignait gonfler nos voiles. Pas le moindre souffle, ni même une petite brise. On s'accorde pourtant à reconnaître que si notre mer est réputée pour son « bruit retentissant », c'est parce qu'habituellement Éole la sillonne et agite ses flots. Après plusieurs jours de calme plat, il nous sembla évident que quelque divinité s'opposait à notre entreprise. Nous consultâmes donc le devin Calchas. Il était passé maître dans l'art de décoder les signes du ciel car le dieu oraculaire Apollon lui-même lui avait enseigné le secret des prophéties. Il allait d'ailleurs encore nous éclairer à maintes reprises durant la guerre. Le vaticinateur averti nous révéla la cause de cette immobilité éolienne. La vierge Artémis était en colère contre notre généralissime car lors d'une chasse il avait malencontreusement abattu l'une de ses biches sacrées et peut-être même s'en était-il vanté. La déesse ne serait apaisée que lorsqu'Agamemnon lui aurait offert en sacrifice sa fille Iphigénie. « Le sang de ma biche vaut bien celui de ta fille », avait dit la Chasseresse irritée. À ces paroles rapportées par la bouche du devin, Agamemnon devint pâle. Sa fille Iphigénie ! Il n'en était pas question, clamait-il. Comment les dieux peuvent-ils être si cruels ? Qu'on ne lui parle plus de l'honneur de son frère Ménélas ni de celui de la Grèce, tant pis pour cette mijaurée d'Hélène ! Que les

Troyens la gardent et qu'on lui fiche la paix ! Il voulait tout annuler et rentrer chez lui.

Imaginez un instant l'effet qu'aurait produit ce désistement auprès de 100.000 guerriers prêts à en découdre. En fait, il était trop tard pour faire marche arrière. Aussi, je me rendis avec Ménélas sous la tente d'Agamemnon pour le convaincre de céder à la volonté divine, aussi cruelle fût-elle. Trois jours et trois nuits durant, le roi mycénien fut en proie à l'irrésolution. Soit il se comportait en père et refusait le sacrifice mais renonçait à son statut de général en chef, soit il endossait son rôle de meneur d'hommes et renonçait à sa paternité. Ainsi sont tissées les tragédies : le héros doit choisir entre la peste et le choléra, comme le marin doit se faufiler entre Charybde et Scylla. Entretemps, l'énervement avait gagné les troupes auxquelles une longue inactivité ne sied guère. Nous finîmes par convaincre Agamemnon : il devait sacrifier sa progéniture pour accomplir son destin de chef. La mort dans l'âme, il ordonna qu'on aille quérir Iphigénie à Mycènes. Encore fallait-il préalablement apaiser les inquiétudes de Clytemnestre qui bien évidemment n'allait pas confier sans sourciller l'adolescente aux guerriers venus la chercher. Nous n'en étions pas à un mensonge près : je conseillai de rassurer la mère en lui disant que la pucelle était mandée par son père pour être fiancée à Achille. Oui, je reconnais que cette ruse n'est pas ma plus glorieuse, mais je l'assume. On ne fait pas plus la guerre sans victime innocente que d'omelette sans casser d'œufs.

En fait de fiançailles, la malheureuse fut menée jusqu'à l'autel dressé sur la plage d'Aulis où le prêtre sacrificateur l'attendait, couteau à la main. Un silence de mort régnait parmi les troupes, un silence que seuls brisaient les cris affolés de la vierge. Au moment où la lame s'enfonça dans le cou innocent, tout le monde détourna les yeux pour ne pas voir l'insupportable spectacle. Raison pour laquelle personne ne put ensuite certifier comment se déroula le sacrifice. D'aucuns prétendent que la déesse se ravisa *in extremis* car son objectif était de mettre Agamemnon à l'épreuve et non de faire couler le sang d'une innocente victime. Ils affirment qu'Artémis emporta Iphigénie dans son sanctuaire en Tauride[24] sur les rives du

[24] L'actuelle Crimée où, dit-on, Iphigénie devenue prêtresse sacrifiait à Artémis tout étranger qui échouait sur ces côtes hostiles.

Pont-Euxin, laissant à sa place sur l'autel une biche[25]. Toujours est-il qu'on ne revit jamais Iphigénie. Elle fut, après Hélène, la seconde femme ravie ; elle fut aussi la première victime de la guerre de Troie.

La colère d'Artémis était apaisée. Un anticyclone se forma aussitôt au-dessus des Balkans et une dépression s'étendit au-dessus de l'Anatolie, de sorte que le vent tant attendu se mit à souffler[26]. Les voiles de nos 1186 nefs se gonflèrent et, tel un seul homme, les milliers de guerriers poussèrent un cri de guerre. Nous partions pour Troie. Depuis la quête de la Toison d'Or par les Argonautes de Jason, on n'avait plus vu si noble équipage.

## Mon ambassade auprès de Priam

Notre flotte fit escale sur l'île de Ténédos située juste en face de Troie. Nous décidâmes de tenter une fois encore de régler l'affaire par la diplomatie plutôt que par les armes. Ce furent à nouveau Ménélas et moi-même que l'Assemblée désigna comme ambassadeurs. C'est à cette occasion que je découvris Troie.

La capitale des Troyens n'avait rien d'une bourgade provinciale de seconde zone. Elle rivalisait avec Cnossos ou Mycènes, voire avec les pharaoniques Memphis et Thèbes que borde le Nil, ou avec la somptueuse Babylone dont la ziggurat nargue le ciel. J'exagère à peine. Il y a des lustres de cela, l'emplacement de la citadelle fut choisi par Ilos, fondateur éponyme de la ville. Cet Ilos bâtisseur de la glorieuse Ilion était le fils de Tros, lui aussi devenu ancêtre éponyme puisque, comme tout le monde sait, Ilion se dit

25 Il paraît que, loin d'être rare, semblable *deus ex machina* se produisit également au pays de Canaan où le dieu local substitua un mouton à un enfant nommé Isaac selon les uns et Ismaël selon les autres.

26 Étant donné que le vent n'est jamais qu'un déplacement d'air depuis une zone de haute pression atmosphérique vers une zone de basse pression atmosphérique, en ce cas-ci il se déplaça depuis les Balkans vers l'Anatolie. En d'autres termes, il poussait la flotte achéenne dans le dos.

Troia à Rome. L'*Iliade* se reconnaîtrait d'ailleurs sans peine dans le titre de *Troiade*[27]. C'est à Laomédon, fils d'Ilos et petit-fils de Tros, qu'il revint de doter la ville de ses puissantes murailles. Le roi Laomédon eut la chance inouïe de compter deux Olympiens parmi les fondateurs des murs de la ville. Apollon et Poséidon avaient été punis par Zeus suite à une tentative de rébellion contre son trône olympien. Leur châtiment consista en un exil sur terre où ils durent se mettre au service du roi Laomédon et élever les murs de la citadelle de Troie-Ilion. À sa mort, Laomédon fut enterré devant les portes Scées de la ville et le bruit courait que, selon un oracle, Troie ne serait jamais prise tant que ce tombeau tutélaire resterait intact. Laomédon eut un fils, le roi Priam, sous le règne de qui se déroule notre épopée. Priam et son épouse Hécube eurent un nombre considérable d'enfants dont Hector, Pâris, Déiphobe, Hélénos, Cassandre et Créuse, pour ne citer que les plus illustres.

Les portes de la ville s'entrouvrirent pour nous laisser entrer. Un Troyen, répondant au nom d'Anténor, vint à notre rencontre à la porte de la cité. Il nous invita à le suivre. Une fois les murailles franchies, la ville basse de Troie offrait un lacis de ruelles pentues, grouillantes, achalandées et parfumées de senteurs orientales parmi lesquelles les épices poivrées excitaient l'odorat. En fait, Troie était un *souk* adossé aux pentes de la colline. Ménélas et moi n'en croyions pas nos yeux. Nous n'avions jamais vu une ville regorger ainsi de mille ustensiles en étain et en cuivre, d'armes en bronze et quelques-unes en fer, sans parler des tissus importés de

[27] Selon les Athéniens, Tros était lui-même fils d'Érichthonios, premier roi d'Athènes. On soupçonne que cet arbre généalogique a été fabriqué de toutes pièces par les Athéniens. Soucieux de se retrouver en bonne place dans la Bible homérique, ils y introduisirent cette interpolation. Les poèmes homériques sont truffés de ces ajouts tardifs que depuis 2000 ans les philologues traquent à la loupe. Faire de Tros le fils du roi athénien revenait bien sûr à mettre en exergue l'importance d'Athènes. Or, cette importance ne remonte pas au-delà du VI<sup>e</sup> siècle avant notre ère, à l'époque de Pisistrate. Gardons en mémoire que la plus ancienne version connue des poèmes homériques est précisément celle qu'établit Pisistrate qui exerça sa tyrannie, plutôt bénéfique, sur Athènes durant le VIe siècle avant notre ère. Les Athéniens ne figuraient certainement pas dans la version originale de l'*Iliade*, mais l'édition de Pisistrate les y a insérés, eux et leur chef Ménesthée (dans le *Catalogue des* vaisseaux).

l'Orient lointain d'où provient la soie, ni des denrées alimentaires qui semblaient inépuisables. Troie ruisselait d'opulence. Quoique venus en ambassadeurs d'un message pacifique, Ménélas et moi ne pûmes nous empêcher de songer au sacré butin que tout cela représenterait dans le cas d'une razzia en bonne et due forme.

Quant au palais de Priam, il se dressait sur l'acropole vers laquelle convergeaient toutes les rues plus larges. Comme les artères qui parcourent le corps pour se rejoindre au cœur et le faire battre en lui fournissant du sang frais, les avenues de la ville conduisaient aux portiques polis du palais où se concentrait tout le luxe oriental. Une aile du palais était réservée aux appartements privés des cinquante fils du roi qui y vivaient avec leur épouse, et l'autre aile abritait les douze chambres de ses filles et de ses gendres. Si Priam avait tant d'enfants, c'est parce que la reine Hécube, qui à elle seule lui en avait donné dix-neuf, devait partager son époux avec les nombreuses femmes de son harem.

La ville haute abritait également les temples de la cité. Le plus prestigieux d'entre eux était consacré à la divinité poliade, Athéna Ilias. Il renfermait le fameux Palladion, statue miraculeusement tombée du ciel. Un jour, Diomède et moi allions ravir cette idole. Je vous raconterai cela plus tard. Nous n'eûmes évidemment pas le temps de flâner dans la vieille ville. Tout au plus pûmes-nous jeter un rapide coup d'œil sur les murs du palais qui faisaient de l'édifice fortifié sur l'acropole une ville dans la ville. Les gardes qui nous escortaient et nous surveillaient de près nous conduisirent jusqu'à la salle du trône où le vieux roi Priam nous attendait, la tête haute et fière, entouré de tous les notables qui constituaient l'Assemblée délibérative. Cela faisait du beau monde. Tous nous transperçaient de leur regard froid, mais ils ne proféraient pas un seul mot. C'est dans un silence de mort que nous nous arrêtâmes au pied du trône. Priam fit un petit geste du menton pour nous inviter à exposer notre requête.

Ménélas, tout le monde s'accorde pour le dire, est mauvais parleur, alors que moi, même si je n'ai pas sa prestance, je suis habile à faire rouler les mots pour convaincre, séduire ou tromper. Le *logos* est mon atout, surtout que toujours l'accompagne la *métis*, tout à la fois ruse, astuce ou prudence avisée. Je pris donc la parole et expliquai à l'Assemblée que nous proposions une ultime conciliation avant de lancer nos assauts. S'ils nous restituaient Hélène, nous nous engagions à plier bagage avant la tombée de la nuit. Il existait donc, en ce bref instant, une solution pour que la guerre de Troie n'eût point lieu. Je devais m'exprimer en guerrier menaçant autant qu'en ambassadeur conciliant, tâche ardue. Lorsque j'eus terminé mon laïus diplomatique, un nobliau prit la parole de la façon la plus agressive. Je crois me souvenir qu'il se nommait Antimaque[28]. Il proposa avec véhémence que Ménélas fût mis à mort sur le champ pour payer son audace de venir demander aux Troyens de rendre des comptes sur leurs choix matrimoniaux. Ni plus ni moins. Nous apprîmes par la suite que ce paltoquet enragé avait été payé par son ami Pâris pour exciter les esprits contre notre ambassade. L'Assemblée approuva aussitôt la proposition fielleuse de cet Antimaque, et nous quittâmes la salle du Conseil sous les huées. Nous dûmes le salut à notre statut d'ambassadeur. Anténor qui nous avait accueillis et guidés jusqu'au palais nous ramena prestement aux portes de la ville. Nous étions saufs, et porteurs d'une certitude : la guerre était désormais la seule issue. Plus d'un Achéen s'en réjouit. En fait, je doute qu'un seul d'entre eux ne s'en soit pas réjoui. L'envie d'en découdre nous tenaillait. Par ailleurs, n'étions-nous pas venus pour cela ? Un accord aurait privé tout le monde de butin.

## Philoctète

C'est également lors de notre escale à Ténédos que le sort frappa le malheureux Philoctète. Étant donné qu'il avait été un des prétendants d'Hélène, il était tout enthousiaste à l'idée de participer à la guerre. Cependant, à peine avions-nous accosté qu'il fut mordu par un serpent. La blessure s'infecta et se mit bientôt à dégager une odeur pestilentielle. Philoctète ne cessait de hurler de douleur. Il

[28] Antimaque, le mal nommé. Son nom signifie en effet « celui qui est contre le combat ». Or, le refus de rendre Hélène allait confirmer l'état de guerre ! Bien plus tard, lors des combats, Agamemnon se trouva face aux deux fils d'Antimaque et leur fit payer de leur vie l'outrage de leur père.

nous cassait les oreilles et chahutait même les moments de silence qu'exigent les offrandes adressées aux dieux. Non seulement il perturbait jusqu'à nos rites mais il nous empêchait de dormir la nuit. Nous reprîmes le large avec le braillard, mais nous craignions que nos troupes n'interprétassent ce contretemps comme un mauvais présage. De fait, les cris incessants de Philoctète démoralisaient les hommes. J'intervins en conseillant de l'abandonner à son sort en faisant un détour jusqu'à l'île de Lemnos. Après un rapide conseil tenu entre les chefs, Agamemnon se rangea à mon avis et nous nous débarrassâmes de Philoctète. Pas de chance pour lui, Lemnos était une île totalement déserte. Il y passa dans la solitude la quasi-totalité des dix années que dura la guerre. Il survécut en chassant les oiseaux grâce à son arc à flèches. Je précise qu'il ne s'agissait pas de n'importe quel arc : Philoctète l'avait reçu d'Héraclès en personne[29].

Vous comprendrez mieux pourquoi je vous raconte tout cela si j'anticipe en vous transportant un instant jusqu'à la dernière année de la guerre. Nous apprîmes alors que nous ne parviendrions à nous emparer de Troie qu'à une condition : Philoctète devait nous rejoindre au combat avec l'arc et les flèches en question[30]. Mes dons d'orateur me valurent d'être chargé d'aller le rechercher sur son île. Comme on s'en doute, les neuf années de retraite forcée l'avaient rendu peu amène à notre égard et vu que j'avais été l'instigateur de son abandon il ne m'accueillit pas à bras ouverts. Je parvins quand même à le convaincre de me suivre en

[29] Héraclès le lui avait offert pour le remercier d'avoir abrégé ses souffrances en allumant le bûcher de l'Oeta sur lequel le héros s'immola et connut son apothéose.

[30] Le prince troyen Hélénos apprit cette prophétie aux Achéens : Hélénos, fils de Priam et d'Hécube, était prophète comme sa sœur jumelle Cassandre. Furieux de n'avoir pas obtenu la main d'Hélène après la mort de Pâris, il trahit les siens en livrant cette divination aux Grecs. Il leur apprit par la même occasion que Troie ne serait prise que si Néoptolème, fils d'Achille, venait les rejoindre lui aussi, et Ulysse fut à nouveau envoyé en ambassade à Scyros afin de ramener le guerrier dont, à en croire Hélénos, dépendait la victoire. Leur aide fut effectivement précieuse : Philoctète tua de ses flèches Pâris et Néoptolème se battit comme un beau diable durant la prise de la ville. Les devins étant parfois tracassiers, Hélénos révéla deux autres conditions supplémentaires : les Achéens devaient posséder les ossements du héros Pélops et enlever aux Troyens le Palladion dont il sera question ci-dessous.

lui apprenant que les meilleurs médecins de l'Hellade soignaient nos blessés à Troie et que figurait parmi eux le célèbre Machaon, fils du dieu Asclépios lui-même. Il opérait, amputait et cautérisait nos vaillants guerriers. L'argument fit mouche : Philoctète accepta. Comme promis, Machaon lui prodigua les meilleurs traitements. Il trancha au couteau les chairs infectées et purulentes, non sans avoir préalablement prié Apollon[31] – père d'Asclépios, ne l'oublions pas – d'endormir le patient. La plaie fut ensuite désinfectée à l'aide de plantes et Philoctète fut bientôt à même de se porter aux premiers rangs avec son arc hérité d'Héraclès[32].

## Le débarquement

Ce fut le jour J, le jour du débarquement. La ville était majestueusement plantée à quelque distance de la côte étirée où nos vaisseaux jetèrent l'ancre. Ténédos se tenait à portée de vue, au large, dans notre dos. Nous tirâmes nos nefs sur le sable et les amarrâmes à l'aide de solides cordages. Nous installâmes promptement notre camp sur la large grève, sans jamais quitter des yeux les hauts remparts de la puissante cité que nous étions venus assiéger. Le premier d'entre nous à poser pied sur le sol ennemi fut Protésilas. Lui aussi avait prétendu à la main d'Hélène et bouillait d'impatience de se lancer dans cette guerre. Cependant, à peine eut-il sauté de son bateau qu'il fut abattu par Hector. Avant même de nous installer, il nous fallut donc organiser les funérailles de notre premier héros mort. Cela commençait plutôt mal.

[31] Apollon va sous peu décimer le camp achéen pour obliger Agamemnon à rendre Chryséis à son père, mais le dieu qui confère la maladie est également capable de la retirer. Apollon dont les flèches apportent la peste est aussi le dieu médecin, père d'Asclépios à qui il légua ses talents de guérisseur.

[32] Philoctète fut donc le premier Robinson Crusoé de l'histoire, mais aussi, comme le remarque judicieusement Pierre Grimal (dans son remarquable *Dictionnaire de la mythologie*) le premier patient ayant subi une opération chirurgicale sous anesthésie.

Nous venions de débarquer lorsque nous vîmes, dans notre dos, approcher une flotte nombreuse. C'était Cyclos. Ce roi de Colone était fils de Poséidon et allié des Troyens. Il cherchait à nous prendre à revers. Or, Cyclos était un redoutable ennemi car son père lui avait accordé l'invulnérabilité. De fait, il débarqua et occasionna de nombreuses pertes en nos rangs. Seul Achille parvint à nous débarrasser de lui. Vu que nulle arme – ni épée, ni glaive, ni lance – ne pouvait le blesser, Achille lui assena de coups à l'aide de son bouclier et du pommeau de son épée pour le faire reculer. Cyclos finit par trébucher et Achille l'étrangla avec la jugulaire de son casque. Mais tout cela n'était encore qu'escarmouche. Les grandes opérations militaires n'avaient pas encore commencé. L'Assemblée se réunit pour établir une stratégie : il nous fallait attaquer la ville par ses points faibles. Or, ceux-ci étaient rares, pour ne pas dire inexistants.

Après la cérémonie funèbre en l'honneur de Protésilas et nos combats contre Cyclos, notre premier soin fut porté à l'édification d'un autel consacré aux Olympiens. Par la suite, cet autel allait recevoir bien des sacrifices votifs, propitiatoires ou expiatoires. Juste à côté de ce modeste sanctuaire, nous avions délimité l'espace réservé à l'agora où auraient lieu les Assemblées des chefs. Il se fait que cette agora se trouvait juste à hauteur de mes douze vaisseaux. Personne n'y a vu un hasard : le lieu dédié aux discussions se dressait devant les navires Céphaloniens dont le roi, moi en l'occurrence, était le meilleur parleur de tous les Achéens.

Notre campement s'étendait à perte de vue le long de la mer où nous attendaient les bateaux qui un jour, nous n'en doutions pas (pas encore), nous ramèneraient chez nous, vainqueurs et fiers. Imaginez un peu : 1186 vaisseaux dont les plus grands exigent jusqu'à cinquante-deux rameurs, tandis que les plus modestes n'en demandent que vingt. Faites la moyenne : le nombre d'hommes à héberger était énorme. Notre camp ressemblait à une ville en bois avec ses rues et son agora réservée aux Assemblées. À l'est, nos tentes et baraques en bois s'étiraient le long de la côte jusqu'aux collines qui barraient la vue. À l'ouest, elles atteignaient le fleuve Scamandre qui a façonné une plaine. Cette plaine, futur champ de bataille, séparait notre camp étalé le long de la côte et la ville ennemie.

Par la suite, pour nous protéger d'une éventuelle sortie des Troyens, et pour mettre nos vaisseaux à l'abri, nous élevâmes, suivant en cela les conseils du sage Nestor, une solide palissade en bois précédée d'un large fossé qui courait sur près de vingt stades[33]. Ce rempart improvisé était percé de loin en loin par de lourdes portes que traversaient des voies carrossables permettant les allers et venues de nos chars. Nous avons ensuite planté dans le fossé des pieux acérés sur lesquels nos ennemis ne manqueraient pas de venir s'empaler si l'idée leur venait de charger. Une extrémité du campement était placée sous la garde d'Achille et l'autre sous celle d'Ajax le grand. La mer, quant à elle, nous garantissait nos arrières, quoique l'arrivée inattendue de Cyclos nous obligeait à ne pas baisser la garde de ce côté-là non plus. Nous avions pris la précaution de tourner les proues de nos vaisseaux vers le large de façon à faciliter un éventuel départ précipité.

Le palais de Priam, dont les murs gardaient Hélène captive et renfermaient d'innombrables richesses, était à la portée de nos armes. Cependant, comme nous allions l'apprendre jour après jour, mois après mois, année après année, le butin troyen exigerait de multiples et épuisants assauts inlassablement répétés. Arès allait s'inviter à la fête et s'en donner à cœur joie, toujours accompagné des maudites Kères assoiffées de sang. Nombreux sont les Achéens à qui furent rendus les derniers hommages sur cette grève d'Asie. Nombreux ceux qui descendirent dans la noire terre des tombeaux.

Il ne fallait pas avoir un œil averti pour comprendre tout de suite d'où l'enceinte de la ville tenait sa réputation d'avoir été bâtie par Apollon et Poséidon eux-mêmes. Ses proportions hors normes avaient quelque chose de divin. Il était évident que, blottis derrière leurs enceintes, barricadés derrière leurs murs, les Troyens ne craignaient guère un siège. En plus de cela, ils avaient eu le temps d'engranger des monceaux de vivres et leurs puits qui sondaient la terre jusqu'aux nappes phréatiques leur garantissaient de l'eau fraiche à volonté.

Le royaume de Priam comptait bien sûr de nombreux États vassaux. Nous pûmes nous en rendre compte le jour où nous nous

[33] Approximativement 4 km.

trouvâmes confrontés à une myriade de guerriers perchés sur les murailles cyclopéennes de la ville. On a tenté de les dénombrer, mais la tâche s'avéra impossible. Nos estimations variaient entre 50.000 et 80.000 combattants, pas moyen d'être plus précis. La majorité venait de l'arrière-pays. On comptait parmi eux des Thraces et des Cicones venus d'Occident. J'aurai à vous reparler de ces Cicones lorsque je vous conterai la première étape de mon *Odyssée*. Parmi les peuples issus de la Troade intérieure, l'on dénombrait des Mysiens, des Phrygiens, des Cariens, des Lyciens et bien d'autres encore, moins connus mais nombreux aussi. Certains de ces alliés parlaient grec, mais beaucoup pratiquaient une langue barbare, sorte d'amalgame mal digéré de borborygmes. Je précise à ce propos que les Troyens, quant à eux, étaient de parfaits hellénophones. Tout au plus leur accent asiate prêtait-il à sourire. Non seulement, ils parlaient la même langue que nous, mais en outre, ils honoraient les mêmes dieux et observaient les mêmes coutumes. En somme, la guerre de Troie fut un conflit fratricide, une guerre intestine comme la Grèce en connut tant et tant[34].

Nous autres, Achéens, nous alignions quelque 100.000 combattants. Nous étions donc plus nombreux que nos ennemis : nous pouvions compter sur à peu près un tiers d'effectifs en plus. Mais ceux-ci disposaient d'un avantage incontestable : les murailles de la ville les protégeaient mieux que ne l'eut fait une haute montagne.

## Les premières années de guerre

Les grandes manœuvres pouvaient commencer. Mais, la veille du combat, il fallait préalablement gagner la bienveillance des Olympiens par un sacrifice propitiatoire. Ce rite allait d'ailleurs

[34] Elle fut interprétée comme la première guerre entre le monde grec et l'Orient, comme si elle avait créé un antécédent aux guerres médiques et à l'expédition d'Alexandre le Grand, voire à l'hostilité entre la Turquie et la Grèce.

être répété avant chaque offensive. C'était d'autant plus indispensable que plusieurs divinités portaient leur soutien au camp ennemi. Aphrodite était bien sûr de celles-là, non seulement parce que Pâris lui avait accordé la pomme de la discorde, mais aussi parce qu'elle protégerait son fils Énée. Par la suite – lors du rapt de Chryséis dont je vais vous parler dans un instant – nous allions apprendre à nos dépens que les jumeaux archers, Apollon et Artémis, eux aussi accordaient leur assistance aux Troyens. Par chance, nous étions sûrs de pouvoir compter sur l'aide d'Athéna et Héra, toutes deux irritées par le jugement de Pâris, ainsi que de Thétis qui bien sûr assisterait son fils Achille. Nous avions en outre bon espoir de nous rendre favorables Poséidon, Arès, Hermès, voire Héphaïstos. En ce qui concerne Arès, fléau des hommes, il commença la guerre en nous soutenant, puis emporté par son inconstance irréfléchie, il retourna sa veste et secourut les Troyens. Quant au puissant Zeus, nous espérions que, selon ses habitudes, il resterait neutre et au-dessus de la mêlée, se contentant de peser sur sa balance le destin de chacun d'entre nous.

Vu l'importance de l'enjeu, nous ne lésinâmes pas : nous offrîmes aux dieux une véritable hécatombe[35]. Nous menâmes donc à l'autel bœufs et moutons à la robe claire, comme il se doit pour des victimes adressées aux puissances ouraniennes. Le prêtre répandit sur l'autel de l'orge non moulue, prononça les prières puis, tirant en arrière la tête des victimes de façon à les faire regarder vers le ciel, il les égorgea. Lorsqu'elles furent vidées de leur sang, les bêtes furent écorchées et leurs viandes furent aspergées de vin puis placées sur l'autel dont les flammes emportèrent au ciel le fumet de la graisse. Les viandes grillées, quant à elles, furent réparties entre nous. Devenus rituellement les commensaux des dieux, nous banquetâmes durant plusieurs heures. Personne ne fut oublié. Telle est la règle : au banquet, nous sommes tous égaux. De larges cratères offraient le vin dont nous nous abreuvions sans oublier de verser une libation avant de porter les coupes à nos lèvres. La faim et la soif furent pleinement apaisées, car insatisfaites, ce sont de redoutables ennemies pour le guerrier qui part au combat.

[35] Le terme *hécatombe* désignait « le sacrifice de cent bœufs ».

En fait de combat, nous dûmes nous contenter de quelques échanges de traits car les Troyens ne se montraient guère. Retranchés derrière leurs murailles, ils semblaient nous narguer et refusaient le contact. Mis à part quelques échauffourées et brèves mêlées, rien de décisif ne se passa durant les premiers mois. Puis aux mois succédèrent les années, sans que la situation n'évoluât dans un sens ou l'autre. Il nous fallut nous résigner à faire le siège d'une ville apte à tenir des décennies sans souffrir de privation. En fait de privation, nous étions plus à plaindre que les assiégés car, établis entre la côte et les remparts de Troie, nous ne disposions pas de quoi nous sustenter en suffisance. Certes, nous allions quérir notre pitance à la pêche, mais nos prises restaient largement insuffisantes pour nourrir nos estomacs.

C'est alors que Ménélas et moi fûmes à nouveau sollicités pour partir en ambassade afin de trouver le ravitaillement qui nous faisait défaut. Cette fois, Agamemnon nous envoya auprès d'Anios qui régnait à Délos. Du sang divin coulait dans les veines d'Anios : il était le fils d'Apollon, lui-même né précisément à Délos. Par sa mère, il comptait Dionysos parmi ses ancêtres. Son père Apollon lui avait accordé le don de prophétie. Quant à Dionysos, il avait doté les trois filles d'Anios d'un don très particulier : la première était capable de faire jaillir du sol de l'huile, la deuxième du blé et la dernière du vin. Lors de notre départ pour Troie, Anios nous avait fait savoir qu'il mettait à notre disposition le talent de ses filles. Grâce à ses dons de clairvoyance il savait que notre expédition allait durer dix ans et que nous devrions donc être ravitaillés. Mais, persuadés que nous n'en aurions pas besoin car la guerre serait l'affaire de quelques semaines, nous avions refusé cette assistance. Comme la suite des événements le montra, c'était une erreur. Le siège de Troie s'éternisant, nous nous souvînmes de cette proposition et je partis donc à Délos en compagnie de Ménélas pour ramener dans notre camp les trois filles dispensatrices d'huile, de blé et de vin.

Elles nous suivirent de bonne grâce et s'activèrent durant quelques années à notre service. Leur séjour dans notre campement fut très apprécié : grâce à elles, nous mangions et buvions à satiété. Cependant, un camp militaire n'est pas un endroit idyllique pour trois jeunes vierges et, lassées de servir les rudes guerriers qui souvent manquent de courtoisie, elles s'en retournèrent à Délos. Nous tentâmes bien sûr de les rattraper, mais Dionysos veillait sur elles et nous ne les revîmes jamais. Il paraît que leur ancêtre divin les avait métamorphosées en colombes pour les soustraire à notre poursuite. Je ne sais si c'est vrai, mais il est exact que depuis lors un tabou protège les colombes de Délos : il est interdit de les tuer.

Privés des trois filles d'Anios, nous souffrions à nouveau d'un cruel manque de vivres. Nous résolûmes le problème comme le font toutes les troupes militaires depuis la nuit des temps : nous nous livrâmes au pillage systématique de la Troade. Les bourgades et les îles alliées de Troie subirent l'une après l'autre nos razzias. Cela nous permettait de couper les vivres aux Troyens, et surtout cela nous procurait un joli butin. Nous parvînmes ainsi à nous emparer d'une partie des bœufs qu'Énée faisait paître sur le mont Ida. Énée lui-même nous échappa en détalant à toute allure. Généralement, notre butin ne se limitait d'ailleurs pas aux victuailles, nous revenions souvent au camp avec des femmes qui, captives, partageaient alors notre couche. La guerre s'éternisait et il est bon que les hommes revenus du front trouvent une femme dans leur lit.

En définitive, ces rapines furent une mauvaise idée, elles ne nous apportèrent que des ennuis, et non des moindres, comme vous allez le constater.

## Chryséis, Briséis et la colère d'Achille

Cela faisait déjà neuf ans que nous assiégions Troie, en vain. Les razzias étaient devenues notre passe-temps le plus divertissant et le plus rentable. Une dizaine de cités tributaires de Troie avaient déjà subi nos incursions. Un jour, nous portâmes notre expédition de piraterie jusqu'à la ville de Thébè qui se love au fond d'un golfe sur la côte de Mysie, face à l'île de Lesbos. Comme d'habitude, Achille dirigeait l'opération. Avec lui, tout cela était rondement mené : il tua le roi de Thébè, ainsi que ses sept fils et emmena la reine en captivité[36]. De razzia en razzia, les baraques des chefs achéens commençaient à ressembler autant à un harem qu'à un arsenal. Les captives y servaient leurs nouveaux maîtres et les armes prélevées aux ennemis s'accumulaient, suspendues aux clous sur les cloisons.

Agamemnon qui participait à l'expédition en ramena une vierge de dix-neuf ans, la belle Chryséis. Pour être tout à fait précis, la jeune fille n'était pas originaire de Thébè, mais pour son malheur elle y séjournait au moment de notre incursion. À son retour au camp, Agamemnon parada fièrement sur sa monture avec sa captive assise en amazone derrière lui, la mine défaite.

Et pourtant, ce rapt ne nous apporta que malheur[37]. Car Chryséis était la fille de Chrysès, prêtre d'Apollon. Quelques jours après l'enlèvement de Chryséis, quel ne fut pas notre étonnement de le voir débarquer dans notre camp, bien décidé à la récupérer en échange d'une magnifique rançon. Nous étions nombreux à penser que la proposition méritait d'être acceptée car la rançon équivalait à un véritable trésor. Cependant, Agamemnon ne voyait pas les choses ainsi et il renvoya le prêtre en le menaçant de mort s'il osait revenir. Chrysès s'en retourna donc bredouille, mais il n'avait pas dit son dernier mot. Il adressa ses prières à Apollon : « *Fais donc payer aux Grecs mes larmes de tes traits* ». Le dieu entendit la supplication de son prêtre. Semblable à la nuit, il descendit des cimes de l'Olympe, le cœur irrité, armé de son arc et de ses flèches. Il apportait la peste. La maladie ne tarda pas à se répandre dans nos rangs.

Nous consultâmes le devin Calchas. Il nous apprit que les flèches toxiques d'Apollon, qui pleuvaient sur notre armée depuis neuf jours déjà, nous poursuivraient jusqu'au dernier tant que

[36] La fille du couple royal de Thébè n'est autre qu'Andromaque, épouse d'Hector.

[37] Le lecteur aura noté que c'est ici seulement qu'Homère fit débuter son *Iliade*. Son public grec était assez cultivé pour connaître le contexte qui constitue la première partie de ce livre. À partir d'ici, les quelques citations d'Homère seront indiquées en italique, dans la traduction (parfois adaptée) d'Eugène Lasserre.

nous n'aurions pas rendu Chrysès à son père. Agacé par ce message de mauvais augure, Agamemnon, orgueilleux et brutal comme à l'accoutumée, renvoya le devin en le traitant de bon à rien et de « *prophète de malheur* ». À nous tous, il déclara solennellement qu'il préférait Chryséis à Clytemnestre, sa femme légitime ! Sans vouloir rapporter des ragots, je précise quand même que Clytemnestre restée à Mycènes trompait pareillement son mari. Ce couple était incontestablement voué à la tragédie. Malgré ses forfanteries, en son for intérieur, Agamemnon ne pouvait pas ignorer l'avertissement de Calchas : il était évident que le rapt de la fille du prêtre apollinien avait éveillé le courroux du dieu archer. Il se déclara donc prêt, pour le salut des troupes, à relâcher Chryséis, mais l'orgueilleux roi exigeait une compensation. Achille lui reprocha vertement cette exigence et Agamemnon, pour l'humilier, lui répondit tout net qu'il allait s'approprier sa captive Briséis en remplacement de la sienne. Contraint de se soumettre aux exigences d'Apollon et de se défaire de Chryséis, Agamemnon réclama sa récompense en la personne de Briséis !

Il faut savoir qu'Achille avait capturé Briséis lors d'une précédente expédition de brigandage. Le rapt avait été, comme toujours, très violent : Achille avait tué le mari de Briséis et avait fait d'elle son plus beau butin, son esclave préférée. Patrocle, l'indéfectible ami d'Achille, avait soufflé à l'oreille de la captive endeuillée qu'elle pouvait cesser de pleurer car un jour Achille l'épouserait peut-être. Voilà du moins ce que Patrocle avait fait miroiter à Briséis. Une chose est sûre cependant : Achille aimait Briséis et peut-être celle-ci finit-elle par aimer en retour son ravisseur qui avait pourtant assassiné toute sa famille. Retenons pour l'anecdote que, par le plus grand des hasards, Brisès, le père de Briséis, était le frère de Chrysès, et comme lui, il exerçait la prêtrise d'Apollon.

Les paroles d'Agamemnon avaient éveillé une sourde colère dans le cœur d'Achille. Il était à deux doigts de dégainer son épée et de tuer l'Atride[38]. On pense qu'Athéna lui conseilla de garder son calme. Toujours est-il qu'Achille se soumit à l'exigence du roi, non sans lui cracher toute sa bile à la figure : « *Ivrogne, regard de chien, cœur de cerf* ». Il jura sur le sceptre d'Agamemnon de ne plus

[38] Agamemnon est le fis d'Atrée, ainsi que Ménélas.

retourner au combat dans une armée dirigée par semblable tyran. Là-dessus, il alla s'enfermer dans son baraquement. La guerre de Troie n'était plus son affaire, clamait-il. Humilié par Agamemnon, il était bien décidé à l'humilier à son tour en faisant la démonstration que son armée serait incapable de remporter la victoire sans lui.

La discussion étant close, Agamemnon me chargea de ramener Chryséis chez son père et je pris la mer pour reconduire la jeune fille à Thébè qui, tout comme Troie, est peu éloignée de la côte. Le roi envoya ensuite ses serviteurs quérir Briséis dans la tente d'Achille, aussi résigné que furieux. En restituant Chryséis à son père, Agamemnon avait apaisé le courroux d'Apollon. En confisquant Briséis il suscita la colère d'Achille[39], « *funeste colère qui causa tant de douleurs aux Achéens, précipita chez Hadès maintes âmes fortes de héros, et fit de leurs corps la proie des chiens et des oiseaux innombrables* ». Le héros restait désormais couché dans sa baraque en compagnie de son ami Patrocle. « *Il y digérait sa bile qui ronge le cœur* ». Ses Myrmidons avaient eux aussi abandonné le champ de bataille et passaient leurs journées dans l'oisiveté au bord de la mer. Ils trompaient le temps et se distrayaient en lançant le disque, le javelot et les flèches.

## Abandonner la partie ou persister ?

Achille, assis sur les dunes face à la mer, implora sa mère Thétis d'intervenir en sa faveur auprès de Zeus. La Néréide entendit la prière de son fils et sortit aussitôt des flots. Montant au ciel jusqu'au palais du roi des dieux, elle n'eut guère de mal à le convaincre car une vieille connivence les unissait : Zeus lui promit d'accorder la victoire aux Troyens tant qu'Achille ne reviendrait pas au front. Cela lui valut une sérieuse querelle avec son épouse Héra, toujours

[39] De même, en abattant la biche sacrée d'Artémis, il avait éveillé le courroux de la déesse ; courroux qu'il avait ensuite apaisé en sacrifiant sa fille Iphigénie à Artémis.

aussi hostile aux Troyens, mais le puissant Zeus habitué aux sautes d'humeur de sa femme ne fléchit pas. Nous endurâmes alors une suite de revers. Ne craignant plus l'intervention d'Achille, nos ennemis osèrent s'aventurer hors de leurs murs et portèrent leurs coups dans notre camp. Nous subîmes défaite sur défaite. Chaque offensive troyenne se soldait par un nombre considérable de morts dans nos rangs. Nous entrions dans la dixième année de guerre et tout semblait indiquer que le sort – le sort ou les dieux, c'est tout un – penchait en faveur des Troyens.

Agamemnon perdait la tête, ses décisions manquaient totalement de cohérence. Ainsi, un jour, il se réveilla en assurant que Zeus lui promettait la victoire avant la tombée de la nuit – alors que nous savions que c'était impossible sans Achille – mais, aussitôt après, il convoqua l'Assemblée des chefs pour tenir un tout autre discours. Il voulait mettre à l'épreuve ses troupes en feignant d'abandonner la partie. « Rentrons chez nous, disait-il, neuf années de siège n'ont servi à rien, inutile d'insister, nous ne nous emparerons jamais de cette maudite ville ». Or, ce discours défaitiste fut accueilli avec enthousiasme. Les guerriers n'attendaient manifestement que cela : rentrer chez eux et retrouver leur patrie et la femme qui les y attendait. Pour le coup, la mise à l'épreuve des troupes était concluante ! Quant à moi, je pensais que lever le camp après neuf années d'efforts était une idée stupide. Allions-nous regagner nos pénates la tête basse, les mains vides, l'honneur bafoué ? Cela me semblait hors de question. Je pris donc la parole à l'Assemblée pour convaincre les Achéens de ne pas mettre les vaisseaux à la mer.

Pendant que je revigorais le moral des troupes, Thersite eut le toupet de m'interrompre. Il prit la parole en pleine Assemblée sans y être autorisé. Ce Thersite était un homme laid, difforme, boiteux et le crâne dégarni, un vrai bouffon. Il ne ratait pas une occasion de contredire Agamemnon ou Achille, et à plus d'une reprise il m'avait cherché querelle à moi aussi. Il affirma que l'avidité d'Agamemnon causait le malheur des Achéens. Ce n'était pas faux, et ses reproches ne différaient pas de ceux qu'Achille avait adressés au roi. Cependant, ce qu'Achille avait le droit de dire, Thersite ne l'avait pas. Il n'avait tout simplement pas voix au chapitre. Il n'était qu'un vilain, un homme issu du petit peuple et il osait néanmoins contester les décisions des rois. En outre, seul peut s'exprimer face à l'Assemblée celui qui a obtenu le sceptre d'Agamemnon, don de Zeus[40]. Ce sceptre est le symbole du pouvoir et de la justice. Depuis la nuit des temps, lors des Assemblées, le héraut le transmet tour à tour à chaque orateur à qui il confère l'inviolabilité durant son discours. Or, ce bâton de commandement, c'était moi qui en ce moment le tenais en main. Je m'en servis pour frapper Thersite sur les épaules et lui promis une sévère correction s'il osait encore m'interrompre. L'insolent se rassit, les épaules endolories et la larme à l'œil. Prendre la parole est une prérogative des nobles. Lors de nos Assemblées, seul l'aristocrate pourvu d'un patronyme a le droit d'exprimer son avis et de donner des conseils aux rois. Le peuple, quant à lui, doit se contenter d'écouter puis de manifester soit son accord en acclamant l'orateur soit son désaccord en le huant. Ainsi chacun reste à sa juste place. Voilà pourquoi je renvoyai l'impudent Thersite au silence qu'il n'aurait pas dû quitter.

Je poursuivis alors mon discours devant la foule que cette scène avait amusée. Je leur racontai un présage survenu longtemps auparavant car il me semblait propre à les convaincre : alors que nous, chefs de l'expédition, accomplissions un sacrifice avant de nous embarquer pour Troie, nous vîmes un serpent avaler un oiseau et ses huit petits. La signification du présage était claire, disais-je : tout comme le serpent engloutit neuf oiseaux, nous autres, Achéens, nous aurions à combattre le même nombre d'années avant de nous emparer de la ville la dixième année. Les Achéens, qui quelques instants plus tôt étaient prêts à plier bagage, applaudirent mes propos : nous ne quitterions pas l'Asie tant que Troie serait debout ! Ainsi est le peuple, versatile et prêt à tomber d'accord avec le dernier qui a parlé. Cette approbativité démontre clairement qu'il a besoin d'un meneur. Comme je l'ai toujours dit, *« plus d'un chef, c'est un mal ; un seul chef, voilà ce qu'il faut »*.

[40] Ce sceptre en or, Agamemnon l'avait hérité de Zeus. Héphaïstos l'avait façonné pour le roi des dieux qui l'avait offert à Pélops. Puis Pélops l'avait transmis à Atrée et le bâton de commandement avait ainsi terminé en la possession de l'Atride Agamemnon, petit-fils de Pélops.

# Le duel entre Pâris et Ménélas

Mes propos avaient été convaincants et les batailles reprirent. Lors de l'une de celles-ci, Ménélas aperçut Pâris qui s'élançait au front, les épaules couvertes d'une peau de léopard, armé d'un arc et d'une épée, brandissant aussi une lance dans chaque main. Je dois reconnaître qu'il avait fière allure. Cependant, lorsque le jeune homme se trouva face à Ménélas qui s'était approché en vociférant, il perdit tous ses moyens, se mit à paniquer et fit marche arrière. Lâchement, il se retrancha derrière les troupes troyennes. Oui, ce frêle paltoquet avait belle prestance, mais sa beauté ne lui servit à rien sur le champ de bataille où, à l'approche du danger, la peur s'empara de son esprit. Il était décidément plus doué pour les travaux d'Aphrodite que pour ceux d'Arès. Réfugié loin du combat, il se fit aussitôt apostropher par son frère Hector qui lui reprocha sa couardise. « Faire des œillades aux femmes, lui dit-il, voilà où tu excelles, mais lorsqu'il s'agit de faire preuve de vaillance, il n'y a nulle force en ton âme ! » Pâris fut bien obligé de reconnaître que ces reproches étaient mérités. Pour racheter sa fuite honteuse et sauver l'honneur, il proposa de régler l'affaire par un combat singulier entre Ménélas et lui. « Hélène reviendra au vainqueur », dit-il.

L'audacieuse proposition fut acceptée par tout le monde. Ce combat singulier allait nous permettre d'enfin déposer les armes. Aussitôt dit, aussitôt fait, pendant qu'Hector et moi délimitions l'aire où allaient s'affronter les deux héros en duel et que Ménélas ordonnait un sacrifice aux dieux, tous les guerriers s'assirent en cercle pour assister au combat. Réjouis à l'idée que cette guerre déplorable allait prendre fin, ils s'appuyaient sur leur bouclier et leurs lances étaient fichées en terre à leurs côtés.

Nous tirâmes ainsi au sort celui qui, le premier, pourrait lancer son trait de bronze. Nous aurions pu procéder en inscrivant le nom des deux rivaux à l'aide de l'écriture linéaire que, il y a quelques générations, les ingénieux Crétois transmirent aux Achéens. J'en connaissais moi-même les rudiments car à l'époque où je vivais en paix à Ithaque aux côtés de Pénélope, j'aimais passer quelque temps à m'essayer au métier de scribe en traçant les syllabes. Bien plus habile que moi dans l'art de la graphie, le vieux Nestor aurait été tout désigné pour cette tâche. Son palais de Pylos ne renfermait-il pas toute une bibliothèque de tablettes gravées ? Mais se procurer de l'argile et confectionner une tablette n'est pas chose aisée lorsqu'on campe sur la grève. Quant à espérer trouver un papyrus égyptien et de l'encre, il ne fallait pas y songer. Nous eûmes donc recours à la bonne vieille méthode qui a fait ses preuves : chaque candidat apporta son « sort », un morceau de bois, un caillou, un dé, ou tout autre petit objet du genre qui le représentait ou sur lequel il avait inscrit un signe qui permettait de l'identifier.

Hector et moi déposâmes les « sorts » dans mon casque de cuir. J'ai beaucoup apprécié ce moment où je pus observer Hector de près. Nos regards se croisèrent et je crois que nous nous comprîmes d'emblée : lui comme moi, quoique héros épiques, détestions la guerre. Lui parce que Andromaque et Astyanax attendaient quotidiennement son retour sur les remparts après les rudes combats du jour. Moi parce que Pénélope et Télémaque m'attendaient à Ithaque depuis dix années déjà. Nous étions ennemis, mais une pensée commune traversait notre esprit : quand en finira-t-on avec cette guerre insensée menée au nom de la plus belle femme du monde ?

Nous secouâmes le récipient afin de mélanger les noms. La chance sourit à Pâris : il obtint de frapper le premier. Prenant le temps de viser, il porta son coup en ahanant. Sa lance vint se briser sur le bouclier de Ménélas que le choc n'ébranla nullement. L'Atride frappa à son tour et sa lance transperça le bouclier de son adversaire. D'un mouvement rapide, Pâris parvint toutefois à esquiver le trait, mais Ménélas s'élança, dégaina son épée et assena des coups furieux sur le casque à crinière de Pâris qui n'en menait pas large. Ménélas frappait avec une telle force que son épée se brisa. Sa colère redoubla et il renversa le jeune homme, puis, le saisissant par le casque, il le traîna vers les rangs achéens où il comptait l'achever, comme on égorge une victime sacrificielle en guise d'offrande aux dieux. Nous étions persuadés que le sort de l'amant d'Hélène était réglé lorsque soudain la lanière du casque se rompit, libérant Pâris. Et, à la surprise générale, un brouillard épais se leva là où était censé gésir le jeune homme : Pâris avait tout simplement disparu. Nous comprîmes tous qu'il s'agissait d'un *deus ex machina*. Aphrodite – ce ne pouvait être qu'elle – avait enlevé son protégé pour le mettre à l'abri des coups mortels du puissant Ménélas qui, tel un fauve, parcourait la plaine à la recherche de son ennemi.

Pour sûr, Pâris termina sa journée dans les bras de la belle Hélène. Pourtant, celle-ci, en voyant du haut des remparts tant de morts, tant de massacres dont elle était la cause, ne pouvait s'empêcher de se traiter elle-même de « *chienne dont les méfaits font frissonner* ». Et de regretter de n'avoir pas péri le jour même de sa naissance pour que le drame sanglant qui se jouait sous les murs de Troie n'ait pas lieu.

## Reprise des hostilités

Aphrodite et Arès avaient tous deux à leur façon imposé leur volonté aux hommes. Ils n'étaient d'ailleurs pas les seuls à contester un éventuel traité de paix. Athéna et Héra complotèrent elles aussi pour pousser les deux camps à reprendre les hostilités. Elles n'avaient pas oublié l'affront que leur avait fait Pâris en préférant la beauté d'Aphrodite à la leur, elles ne seraient apaisées que lorsque Troie serait saccagée. Les dieux voulaient davantage de morts, ils réclamaient plus de sang. À cette fin Athéna enflamma le cœur de Diomède, le redoutable guerrier d'Argos, qui, tel un fauve, se jeta dans la mêlée et précipita de nombreux héros troyens dans l'Hadès ténébreux. La plaine de Troade fut rougie de sang et jonchée de membres tranchés par le bronze étincelant des guerriers. Lorsqu'une divinité aiguillonne les combattants et leur insuffle au cœur la fureur et l'envie de tuer, leurs forces décuplent et subitement la guerre leur devient douce. Nous avons tous expérimenté cela sur le champ de bataille. Une phrase prononcée par

Agamemnon résume bien notre état d'esprit et la rage avec laquelle nous combattîmes. L'Atride lança à son frère Ménélas : « *Qu'aucun Troyen n'échappe au gouffre de la mort et à nos mains, pas même l'enfant qu'en son ventre la mère porte, ni le fuyard* ». Moi aussi je me sentis des ailes ce jour-là. Je frappai d'estoc et de taille, me fendant un chemin à travers les rangs ennemis. Pas moins de sept Lyciens mordirent la poussière sous mes coups.

Infatigable et démonté comme jamais, Diomède saisit une lourde pierre et la lança contre Énée qu'il blessa à la hanche. Le Troyen aurait sans doute succombé sous les coups furieux de Diomède si sa mère Aphrodite ne l'avait sauvé en l'enveloppant d'un voile dans le but de l'emmener loin du champ de bataille, exactement comme elle l'avait fait pour son protégé Pâris. Cependant Diomède n'avait pas dit son dernier mot. Il poursuivit la déesse qu'il savait inexpérimentée au combat et, de son trait acéré, il l'atteignit à la main. Aphrodite fut obligée de laisser tomber son fils sans avoir pu le mettre hors de danger. Toute penaude, la déesse alla se faire consoler dans les bras de sa mère en empruntant le char d'Arès qui la conduisit dans l'Olympe. « *Désormais les Achéens combattent jusqu'aux Immortels* », se plaignit-elle.

Entretemps, Diomède avait rejoint Énée. Heureusement pour ce dernier, Apollon était venu à son secours et, prenant le relais d'Aphrodite, étendit sa main protectrice sur lui. Cela ne suffit pas à calmer la fougue de Diomède qui n'hésita pas à lancer ses traits contre le dieu lui-même. Affronter Aphrodite est une chose, se mesurer à Apollon en est une autre. Le puissant dieu lumineux lui ordonna de baisser les armes car « *jamais ne furent semblables la race des dieux immortels et celle des hommes qui marchent sur terre* ». Diomède, héros mais néanmoins mortel, eut la sagesse d'entendre l'avertissement et se retira. Apollon l'avait privé d'une glorieuse victoire, mais le héros se vengea en dirigeant sa pique de bronze contre l'impétueux Arès. L'intrépidité de Diomède n'avait guère de limite : après avoir blessé Aphrodite, il se rua sur le dieu de la guerre lui-même et fit couler son sang, ou plus exactement l'*ichor* qui circule dans les veines des Olympiens. Tout comme Aphrodite, ce dernier trouva refuge dans l'Olympe auprès de son père qui le sermonna vertement : Zeus n'appréciait pas son fils belliqueux. Il paraît qu'il lui répétait à chaque occasion : « *Tu m'es le plus odieux de tous les dieux qui habitent l'Olympe* ». De fait, parmi les hommes également, Arès, toujours ivre de carnage, est le plus détesté de tous les dieux.

Une fois de plus, lorsque la nuit tomba, nous regagnâmes notre campement au bord de la mer, tandis que les Troyens s'en retournaient dans leur ville fortifiée où les attendaient mères, femmes et filles qui s'empressaient de s'informer : leurs fils, leurs frères, leurs pères, leurs maris avaient-ils survécu à cette journée ou bien étaient-ils tombés dans la poussière imprégnée de leur sang vermeil ?

## Le duel entre Hector et Ajax

Les combats étaient incessants, la guerre s'éternisait. Les Troyens enduraient autant que nous. Le prince Hector, encouragé en ce sens par son frère Hélénos aux dons prophétiques, proposa d'organiser un nouveau duel. Celui qui avait opposé Pâris à Ménélas n'avait abouti à rien. « Qu'à cela ne tienne, clamait Hector, remettons cela ». Il invita un des Achéens à l'affronter afin de régler le sort de la guerre. Un long moment plana sur notre camp : « *Tous les Achéens restèrent muets, en silence, honteux de refuser, ils craignaient d'accepter* ». Ménélas fut le premier à réagir : « *Contre cet homme, c'est moi-même qui m'armerai* ». Aussitôt son frère Agamemnon lui dit de se rasseoir et de ne pas affronter un guerrier meilleur que lui. Hector était en effet bien plus fort et plus habile dans l'art du combat, et Ménélas n'avait aucune chance face à lui. Piqués au vif, nous fûmes neuf à lever la main pour nous signaler candidats. Il y avait Agamemnon lui-même, Diomède d'Argos, Ajax de Salamine, Idoménée de Crète, quelques autres et moi-même.

Cette fois-ci, le casque d'Agamemnon reçut les neuf « sorts » et la destinée désigna Ajax. Hector de Troie et Ajax de Salamine se firent face. Le premier coup porté par Hector faillit bien être fatal car sa lance transperça six des sept couches de peau de bœuf qui recouvraient le bouclier d'Ajax. La septième peau arrêta le trait. Ajax contre-attaqua et parvint à blesser Hector au cou. Aux lances succédèrent les épées. Les deux héros se battirent jusqu'au coucher du soleil, aucun ne l'emportant sur l'autre. Les hérauts qui faisaient office d'arbitres, ceux-là mêmes qui étaient habituellement chargés de transmettre le bâton de commandement lors de nos Assemblées, ordonnèrent la fin du combat car « *il est bon d'obéir à la nuit* ». Hector et Ajax se saluèrent fièrement et échangèrent quelques présents, comme le font toujours les nobles dont les routes et les destins se croisent. Pas plus que le premier duel, celui-ci ne se conclut par la victoire des uns et la défaite des autres.

Nos deux camps s'accordèrent le lendemain une journée de trêve afin de pouvoir ramasser les nombreux cadavres qui jonchaient le sol. Nous récoltâmes donc une grande quantité de bois et procédâmes à l'incinération des corps sans laquelle les âmes ne peuvent rejoindre le royaume d'Hadès pour y reposer parmi les ombres.

Lorsque les derniers devoirs eurent été accomplis en l'honneur des morts, dès l'aurore, nous reprîmes les armes et le tumulte cher à Arès emplit à nouveau la plaine. Les lances sillonnaient le ciel, avides de se rassasier de chair. Les unes s'enfonçaient dans la peau des combattants, les autres manquaient leur cible et se plantaient en terre. Plus que jamais le vaillant Hector décima nos troupes. Zeus avait en effet placé le sort des deux armées dans sa balance en or et le plateau des Achéens s'était abaissé vers la terre tandis que celui des Troyens s'était élevé vers le vaste ciel. Au grand dam de son épouse Héra et de sa fille Athéna, qui portaient en leur cœur la haine des Troyens, le Père des dieux avait en outre interdit aux Olympiens d'intervenir en faveur des uns ou des autres, sous peine d'être envoyés dans le gouffre du Tartare. Hector avait donc les coudées franches et d'innombrables Achéens périrent.

# L'ambassade auprès d'Achille

La situation devenait préoccupante au point qu'Agamemnon envisageait pour de bon de renoncer, quitte à rentrer bredouille et honteux en Grèce, laissant derrière lui tant de braves Achéens morts pour rien. Le fougueux Diomède, pourvu du sceptre qui autorise à parler, déclara à Agamemnon qu'il pouvait plier bagages s'il le désirait, mais que lui et bien d'autres fiers Achéens – il répondait d'eux – resteraient ici même tant que Troie n'aurait pas été saccagée de fond en comble.

Vu l'urgence de la situation, Agamemnon réunit tous les rois dans sa baraque afin de poursuivre le débat à huis clos. Il nous servit de cet excellent vin de Thrace que ses bateaux lui apportaient journellement, ainsi qu'« *un repas digne de notre ardeur* ». Le vieux Nestor, bavard comme à son habitude, prit longuement la parole pour encourager Agamemnon à revoir sa politique envers le fils de Pélée qu'il avait gravement offensé en lui confisquant sa captive. En tant que doyen de l'Assemblée, à qui les quelque septante ans valaient le respect de tous, il somma Agamemnon de faire amende honorable face à Achille sans qui ni Hector ne pouvait être tué ni la victoire obtenue. L'Atride devait reconnaître qu'il avait eu tort d'enlever Briséis et de priver ainsi Achille de son butin. Nul autre que lui n'était responsable de la grève d'Achille qui préférait bouder dans son baraquement plutôt que de nous venir en aide.

Pour une fois, Agamemnon parvint à taire son orgueil. Il reconnut sa faute. Non seulement, il se déclara prêt à restituer Briséis, mais en plus il promit à Achille une rançon immense : des trépieds, des talents d'or, des chaudrons, des chevaux de course, sept femmes capturées à Lesbos. Il lui accordait en outre les vingt plus belles Troyennes qu'ils captureraient sous peu, du moins s'il daignait accepter cette offre royale et reprendre les armes. Il lui offrait même, au choix, la main d'une de ses trois filles restées à Mycènes. Et, cerise sur le gâteau, il promit en guise de dot sept cités opulentes du Péloponnèse. « Sois mon allié et deviens mon gendre », tel était en somme son message. Agamemnon termina son plaidoyer en précisant que jamais il n'était entré dans la couche de Briséis et ne s'était uni à elle. Le doute est permis, direz-vous peut-être.

Nestor proposa aussitôt de désigner deux ambassadeurs chargés d'aller porter cette bonne nouvelle à Achille. Tout le monde approuva. Pour conduire la délégation, Nestor choisit le vieux Phénix car il avait été le précepteur d'Achille, et quasiment son père nourricier. Quant aux deux ambassadeurs, ce furent Ajax et moi-même. Ajax parce qu'il était un lointain parent et un ami d'Achille. Moi, je fus choisi une fois de plus pour ma rhétorique, je suppose. Deux hérauts nous accompagnèrent pour conférer à notre ambassade le caractère officiel d'une Assemblée.

Arrivés au camp des Myrmidons, nous nous dirigeâmes vers la baraque d'Achille. Elle était faite de troncs de sapins et recouverte de roseaux. Nous trouvâmes le fils de Pélée en train de jouer de la lyre et de chanter les exploits des guerriers. Détail qui vaut son pesant d'or, du moins si l'on apprécie les menus faits que l'on nomme ragots : la lyre en question faisait partie du butin qu'Achille avait arraché à Thébè en même temps que Briséis. Patrocle était assis devant lui et écoutait silencieusement ses chants. En nous voyant, Achille se leva pour nous accueillir par d'aimables paroles : « *Vous êtes ceux des Achéens que j'aime le mieux* ». Il ordonna qu'un digne repas soit préparé en guise de bienvenue. Patrocle nous servit le pain dans de belles corbeilles en osier, et Achille distribua les viandes. Je vous passe le menu mais ne résiste pas à vous dire qu'il y avait du mouton, de la chèvre et du porc. Un véritable festin. Le second de la soirée, après celui que nous avait servi Agamemnon.

Une fois les estomacs comblés, la place revint à la parole. Je la pris pour annoncer à Achille que les Troyens nous infligeaient de lourdes défaites depuis qu'il s'était retiré dans son baraquement : « Lorsque tu combattais à nos côtés, les Troyens n'osaient pas s'aventurer hors de leurs remparts. À présent, Hector menace nos navires. Il affirme que nos méprisables palissades en bois et nos petits fossés n'arrêteront pas son ardeur et que bientôt il boutera le feu à nos vaisseaux et nous égorgera tous ». Il est vrai que notre palissade improvisée faisait piètre figure face aux hautes murailles de Troie. On eut dit une vulgaire clôture. Je terminai mon discours de la sorte : « Aussi craignons-nous le pire sans ton aide et nous t'exhortons, ô fils de Pélée, à accepter l'offre royale d'Agamemnon : reçois ses cadeaux et reviens au front ».

Avec le plus grand mépris, Achille, toujours emporté par son courroux, refusa catégoriquement l'offre. Il n'avait que faire de ces présents et estimait l'Atride « *autant qu'un cheveu* ». Il ne voulait en aucun cas épouser l'une de ses filles. Devenir le gendre d'Agamemnon, l'idée même lui semblait odieuse ! En Achille, l'orgueil surpassa l'envie de revoir Briséis dont la restitution lui était promise s'il revenait au combat. Notre civilisation achéenne, peu sentimentale, est en effet une société de l'honneur. Voilà pourquoi Achille refusa net le marchandage. Même si Agamemnon lui donnait « *autant de biens qu'il y a de grains de sable et de poussière* », il refuserait son pacte. Esprit subtil sous des apparences martiales, il nous demanda au nom de quoi son amour pour Briséis aurait moins de valeur que celui de Pâris pour Hélène. Pourquoi, lui, avait-il été privé de Briséis alors que l'on était venu guerroyer jusqu'à Troie pour récupérer l'épouse de Ménélas ? Serait-ce qu'une Hélène, femme d'Atride, aurait plus de valeur que la Briséis du roi des Myrmidons ? Là-dessus Achille annonça qu'il songeait à reprendre la mer dès le lendemain pour regagner sa patrie. En deux jours de navigation, il serait chez lui. La guerre n'était plus son affaire. Qu'Agamemnon se débrouille.

Il y avait au refus hautain d'Achille une autre raison, plus profonde que l'orgueil : il savait pertinemment que le choix entre deux destins lui était dévolu. Soit il rentrait chez lui et pourrait jouir d'une longue vie, quoique sans gloire, soit il revenait au combat, tuait Hector et mourait peu après sans plus revoir sa patrie, mais il serait alors couvert d'une renommée éternelle. Le dilemme avait de quoi le tourmenter : vivre vieux mais anonyme ou mourir jeune mais illustre ? La renommée posthume est précisément le souci majeur des héros. Peu leur chaut la mort pourvu qu'ils accomplissent un exploit dont se souviendront les générations futures. Car la véritable mort consiste à sombrer dans l'oubli, alors que l'exploit héroïque permet d'échapper à l'anéantissement. Achille savait qu'il faisait partie des nobles appelés à une « belle mort ».

Il savait que son destin glorieux était scellé depuis longtemps. Cependant, en ce moment passager de faiblesse, il choisit la vie plutôt que la mort, l'anonymat plutôt que la gloire. Pour l'instant, son orgueil le poussait à rester retranché dans la solitude de son courroux. En somme, c'est exactement le contraire qu'Ajax et moi étions venus lui proposer : le retour au combat, la victoire glorieuse et le trépas consécutif.

Il ne nous restait plus qu'à rapporter à l'Assemblée achéenne la pire des nouvelles : Achille persistait dans ses bouderies. Il allait falloir agir sans lui.

## Mission d'espionnage[41]

Les sommeils furent agités cette nuit-là. Dans la citadelle de Troie, Hector convoqua une Assemblée nocturne, et Agamemnon fit de même dans notre camp. Le but de chacun était d'envoyer un espion dans les rangs ennemis afin d'apprendre leurs intentions : prévoyaient-ils une attaque imminente ? Parmi les Achéens, ce fut Diomède qui se proposa pour cette mission dangereuse. Il demanda qu'un complice l'accompagnât. À deux, on a toujours le cœur plus hardi. De nombreux héros se levèrent dans l'Assemblée, se portant volontaires. Diomède me choisit et prononça quelques paroles flatteuses à mon égard : « *Je choisis le divin Ulysse qui a, au plus haut point, le cœur zélé et l'âme virile dans toutes les épreuves, lui que chérit Athéna. Avec lui, des flammes mêmes nous reviendrions, tous deux, car plus que tous il sait penser* ». Je suggérai de partir sur le champ car le temps pressait : plus des deux tiers de la nuit s'étaient écoulés, les étoiles déclinaient déjà et l'aurore n'allait plus tarder à poindre. Après avoir adressé nos prières à Athéna pour qu'elle

[41] Il est vraisemblable que cet épisode, connu sous le nom de *Dolonie*, soit un ajout tardif, sans doute intégré au texte d'Homère à l'époque de Pisistrate.

nous assiste, nous filâmes dans la nuit noire en direction du camp adverse.

Parmi les Troyens, Dolon avait été chargé de nous espionner. Sceptre en main, Hector lui avait fait le serment de lui accorder à son retour les chevaux et le bige d'Achille qui feraient partie du butin au lendemain de leur victoire. Ce n'était pas un cadeau médiocre : les fougueux chevaux d'Achille étaient difficiles à maîtriser et seul le fils de Pélée était capable de les conduire. Dolon revêtit une peau de loup et s'approcha en silence de nos vaisseaux au moment même où Diomède et moi faisions la route inverse. Il espérait sans doute passer inaperçu grâce à son déguisement, mais nous le vîmes approcher en silence. Nous nous cachâmes parmi les cadavres qui jonchaient le chemin et le laissâmes nous dépasser. Son compte était bon. Nous nous élançâmes à sa poursuite. Il essaya bien de nous échapper en courant, mais il fut vite rattrapé. Du reste, où aurait-il pu fuir ? Il était désormais coupé des siens, coincé entre nous deux et notre campement. Vert de peur et claquant des dents, il se rendit sans résister. Je le rassurai en lui affirmant que notre intention n'était pas de le tuer, pourvu qu'il nous renseigne sur la stratégie des siens. Il répondit à toutes nos questions. Où se trouvait Hector ? Qui montait la garde ? Les Troyens avaient-ils l'intention d'attaquer nos vaisseaux ou bien songeaient-ils à se replier derrière les remparts de leur ville ? Où campaient leurs alliés ?

Nous apprîmes ainsi que le roi Rhésos de Thrace venait d'arriver pour prêter main-forte aux Troyens, à l'instar de Cyclos lors de notre débarquement. Il avait amené avec lui des coursiers magnifiques. Une grande offensive se préparait pour l'aube prochaine. Lorsque Dolon nous eut livré toutes ces précieuses informations, Diomède lui dit : « Laissé en vie, tu reviendras soit nous espionner soit nous combattre, tandis que mort tu ne seras plus un fléau pour les Achéens ». Dolon s'apprêtait à le supplier de lui laisser la vie sauve lorsque d'un coup de glaive Diomède lui trancha la gorge. *« Dolon parlait encore que sa tête tomba dans la poussière »*. Je le dépouillai de son déguisement et de ses armes afin d'offrir ce trophée à Athéna.

Nous nous faufilâmes ensuite jusqu'au camp des Thraces que nous trouvâmes tous endormis. Les chevaux thraces ont la réputation d'être d'excellentes montures. Aussi avions-nous décidé de les voler. Diomède se chargea de tuer douze Thraces durant leur sommeil, et moi je tirais par les pieds leur corps inanimé pour qu'ils n'entravent pas le chemin que nous devions prendre en sens inverse avec les chevaux que nous allions emporter. Car les chevaux qui n'ont pas l'habitude des champs de bataille sont généralement effrayés en marchant sur des cadavres. La treizième victime de Diomède fut le roi Rhésos lui-même. Le sot escomptait apporter la victoire aux Troyens, mais sa mort suivit de près son arrivée sur le sol de la Troade.

Il ne nous restait plus qu'à rentrer au camp, fiers de notre mission accomplie et de notre butin. Ce soir-là, il y eut fête dans nos baraques.

## Offensives troyennes et défaites achéennes

Le matin suivant, Zeus envoya sur le champ de bataille la cruelle Éris, celle dont la pomme avait jadis semé la discorde et dont chaque apparition engendre les gémissements des hommes. Poussant des cris aigus, elle parcourait les rangs et nous incitait tous à reprendre les combats avec une ardeur renouvelée. Une journée de massacres s'annonçait. Avant la tombée de la nuit, de nombreux guerriers seraient exsangues, plus désirables pour les vautours nécrophages que pour leurs femmes aimantes !

Agamemnon paya de sa personne en s'élançant le premier. Sa lance fit de nombreuses victimes, mais il fut lui aussi atteint au bras et la douleur l'obligea à se retirer au campement. Je combattais aux côtés de Diomède, et ce jour-là, j'ôtai la vie à cinq Troyens. Tout à coup, pendant qu'il s'affairait à dépouiller un ennemi, Diomède s'effondra, le pied droit transpercé par une flèche que l'habile Pâris lui avait décochée de loin. Il retira la flèche de son pied et fut contraint à son tour de regagner notre base. Je me retrouvai donc seul et encerclé par les Troyens qui me pressaient de toutes parts. L'un d'eux me planta sa lance dans le dos, entre les épaules. J'ai cru ma dernière heure venue. J'appelai au secours et, par chance, mon troisième cri fut entendu par Ménélas et Ajax qui accoururent. Leur apparition suffit pour disperser ces chacals prêts à m'achever.

Journée néfaste qui vit revenir aux vaisseaux achéens Agamemnon, Diomède, moi-même et bien d'autres encore, blessés, voire invalides. Nous n'étions pas loin de céder au découragement, d'autant plus que les Troyens, mettant à profit leur avantage, nous poursuivaient à travers la plaine et portaient leurs coups jusqu'aux portes de notre campement. La situation s'était inversée : désormais, c'était nous les assiégés. Quand je pense qu'au début de la guerre, les Troyens n'osaient s'aventurer hors de leurs remparts !

Hector conduisit ses hommes jusqu'au fossé que nous avions creusé au-devant de notre palissade. Les chevaux, et encore moins les chars, ne pouvaient le franchir car ses talus étaient escarpés et son fond hérissé de pieux pointus. Cependant, malgré la pluie de nos projectiles, les fantassins les plus hardis, menés par Hector, parvinrent à le traverser, ce qui les mena jusqu'à notre fragile fortification. Hector lui-même fracassa la porte en exhortant les siens à le suivre. Pour la troisième fois, le désespoir poussa Agamemnon à envisager de se replier sur les vaisseaux et de fuir. Piètre généralissime que celui-là ! À nouveau, je pris la parole pour l'en dissuader. Loin d'être contredits par un manant du genre de Thersite, mes propos furent appuyés par un discours de Diomède et nous opérâmes une nouvelle charge contre l'ennemi.

Héra, notre précieuse alliée céleste, se chargea de détourner l'attention de Zeus. Usant de ses charmes, elle s'offrit à son mari qui, après l'amour et avec la complicité d'Hypnos, s'endormit contre son sein. Poséidon, autre allié ô combien précieux, profita du sommeil profond de Zeus pour lui désobéir et intervenir sur le champ de bataille. Il marchait à la tête de notre armée et rendait force et vigueur à chacun d'entre nous. Nous reprenions peu à peu le contrôle de la situation. Ajax parvint même à blesser Hector en lui lançant une lourde pierre à la poitrine. Le héros troyen vomissait du sang noir et dut être emmené à l'écart pour reprendre haleine. Ah ! Si seulement Zeus avait pu dormir plus longtemps, ce jour-là les remparts de Troie ne nous auraient pas résisté. Mais lorsqu'il se réveilla et réalisa qu'il avait été trompé par la ruse de son épouse, sa colère fut terrible. Il la menaça des pires représailles – heureusement pour elle restées sans suite, semble-t-il – et ordonna à son frère de regagner les flots marins. À contrecœur, Poséidon s'inclina, tandis qu'Apollon fut chargé de ranimer la vaillance d'Hector qui restait allongé sans force. En le voyant charger avec une vigueur décuplée, nous comprîmes tous que Zeus avait redistribué les cartes. En fait, il ne faisait que respecter l'engagement pris à l'égard de Thétis : nous ne remporterions nulle victoire tant qu'Achille resterait hors de la mêlée. En peu de temps, les Troyens abattirent notre palissade. Acculés à la mer, nous nous repliâmes sur nos vaisseaux dont les poupes étaient désormais à la portée des torches ennemies.

## La mort de Patrocle

À l'instar de tous les Myrmidons, Patrocle était resté inactif depuis la funeste querelle qui avait opposé son ami Achille à Agamemnon. Ne voulant pas rester plus longtemps spectateur de notre débâcle, il se rendit auprès d'Achille, les larmes aux yeux. Achille lui demanda : « *Pourquoi pleures-tu, Patrocle, comme une petite fille ?* ». Cette question en apparence anodine marqua un tournant dans la guerre.

Patrocle lui résuma la situation : Agamemnon, Diomède et moi étions blessés, les Troyens avaient franchi le fossé et défoncé la palissade, ils s'apprêtaient à bouter le feu aux vaisseaux, il était temps d'intervenir, avant qu'il ne soit trop tard. Patrocle demanda donc à son ami de pouvoir revêtir son armure, don des dieux, pour faire croire aux Troyens qu'Achille avait renoncé à sa rancœur et qu'il s'élançait à nouveau dans la mêlée. Le fils de Pélée ne refusa pas : si les Troyens étaient sur le point de remporter la victoire, c'était, dit-il, « *parce qu'ils ne voyaient plus le front de mon casque briller près d'eux* ». Si en revanche ce casque venait à pointer dans les rangs achéens, il provoquerait la déroute des ennemis. Achille revêtit donc Patrocle de ses armes : cnémides, cuirasse, bouclier, casque à panache, lances, bref la panoplie, à l'exception de la lourde pique qu'Achille seul était capable de brandir. Tout en l'armant de la sorte, Achille fit une ultime recommandation à Patrocle : « Repousse les Troyens loin des vaisseaux, mais ne les poursuis pas dans la plaine jusqu'aux portes de Troie. Contente-toi de les éloigner, mais ne cherche pas à te couvrir davantage de gloire ».

Achille n'avait pas terminé de conseiller et de cuirasser son ami lorsqu'au bord de la mer s'éleva une lueur : les Troyens venaient de mettre le feu à un vaisseau. « *Qu'ils n'aillent pas nous rendre la fuite impossible !* », s'exclama Achille qui réunit sur le champ ses fiers Myrmidons. Ceux-ci, affamés comme des loups mangeurs de chair crue, s'armèrent de pied en cap, pressés d'enfin se battre. Les 2500 Myrmidons – Achille avait fourni cinquante navires et chacun d'eux portait cinquante Myrmidons – répondirent comme un seul homme.

C'est ainsi que Patrocle revêtu des armures d'Achille fit croire aux Troyens que le fils de Pélée avait renoncé à sa colère, « *et chacun d'eux chercha des yeux où fuir le gouffre de la mort* ». Fier de constater à quel point son intervention provoquait la panique chez l'ennemi, Patrocle, l'insensé, oublia les conseils de prudence d'Achille. Grisé par ses succès, il poursuivit les fuyards jusqu'aux portes de Troie. Il courait à sa perte.

Là, un ennemi de taille l'attendait fermement : Hector. Les deux hommes engagèrent le combat. Certes, porter les armes d'Achille conférait une force surhumaine à Patrocle, mais seul Achille en personne était à même de rivaliser avec le prince troyen. Comme si cette inégalité ne suffisait pas, Apollon se chargea de précipiter la mort du plus faible : du plat de la main, il frappa le dos de Patrocle. Le coup fit tomber le casque. Le dieu fit ensuite choir le reste de l'armure et Patrocle se trouva désarmé face à Hector pour qui ce fut un jeu d'enfant de le transpercer avec sa pique. Le jeune homme eut la force de prononcer une ultime menace à celui qui venait de le terrasser : « *Toi-même, tu n'as plus longtemps à vivre* ». Dans un dernier soupir, on l'entendit dire que sous peu Hector serait dompté par la main d'Achille.

Une âpre bataille s'ensuivit autour de Patrocle : Ménélas et Ajax tentaient de ramener sa dépouille au camp grec, tandis qu'Hector et Énée voulaient emporter le précieux trophée à Troie. Hector espérait bien trancher la tête de sa victime et la planter sur les remparts de sa cité. Après une lutte acharnée, les Achéens parvinrent à récupérer le corps, mais Hector fit main basse sur l'armure qu'il s'empressa de revêtir. C'est donc un cadavre dépouillé qui fut rapporté au baraquement d'Achille.

## Achille revient au combat

Lorsqu'il apprit la mort de son ami, « *la douleur couvrit Achille d'un nuage noir* ». Prenant à pleines mains la poussière du foyer, il la répandit sur son visage en signe d'affliction. Il prit aussitôt la décision d'aller sous les murs de Troie affronter Hector qui devait payer de sa vie celle qu'il avait ôtée à Patrocle. Thétis apparut à son fils pour lui demander de patienter jusqu'à l'aurore prochaine avant de songer à la vengeance. Hector lui avait en effet dérobé ses armes. Aussi lui promit-elle de revenir au lever du jour avec de nouvelles armes que lui aurait forgées l'industrieux Héphaïstos. Le forgeron divin ne lui refuserait sûrement pas ce service car une solide amitié les unissait. De fait, alors que le jour pointait à peine, la déesse revint au baraquement de son fils, les bras chargés d'une panoplie forgée et ciselée avec grand art, des « *armes glorieuses telles qu'encore aucun homme n'en porta sur les épaules* ».

Achille était impatient de monter au front mais il craignait que les chairs du cadavre de son compagnon ne fussent souillées par les mouches et les vers avant d'avoir été confiées aux flammes du bûcher funéraire qu'il élèverait à son retour du combat. Thétis le rassura aussitôt en versant de l'ambroisie et du nectar dans les narines du mort. Momifiées ainsi à la façon égyptienne, « *les chairs de Patrocle,* promit Thétis, *ne s'abîmeront pas, quand bien même il devrait gésir une année entière* ».

Rasséréné, Achille convoqua une Assemblée pour annoncer son retour aux Achéens. Tout le monde s'empressa de répondre à l'appel. Pour ma part, je pris place en m'appuyant sur ma pique car ma blessure au dos me faisait encore souffrir. Achille prit la parole et proposa à Agamemnon d'oublier leur querelle car « *il ne faut pas garder toujours, sans relâche, une colère ardente* ». Comme on peut aisément imaginer, ces paroles apaisantes réjouirent l'Assemblée. Agamemnon, à qui la blessure, tout comme à moi, arrachait des gémissements, répondit que lui aussi regrettait leur dispute, tout en précisant qu'il n'en était pas responsable car les dieux avaient aveuglé son esprit le jour où il exigea Briséis. Atè, la Folie, fille de Zeus, était la principale responsable de son égarement, affirmait-il pour se dédouaner et sauver la face. Là-dessus, il réitéra l'offre qu'il m'avait, quelques jours plus tôt, chargé de promettre à Achille s'il revenait se battre à nos côtés. Les présents furent apportés au milieu de l'Assemblée et parmi les captives promises l'une d'elles se distinguait par sa beauté : Briséis. Agamemnon répéta, en prenant Zeus à témoin, qu'il n'était jamais entré dans le lit de la belle esclave. Cette dernière semblait heureuse de retrouver le baraquement d'Achille. Cependant, nous l'entendîmes se lamenter lorsqu'en y pénétrant, elle découvrit le corps inanimé de Patrocle qui toujours l'avait traitée en amie.

Achille remportait là une belle victoire. Son cœur restait néanmoins en deuil et il suggéra de lever la séance pour reprendre les armes sans plus attendre. Je lui demandai de patienter car nos hommes avaient le ventre vide et combattre à jeun revient à se précipiter dans les bras du sombre Hadès. Le pain et le vin furent donc distribués, mais Achille refusa toute nourriture : « *Il ne saurait passer par mon gosier ni boisson ni aliment* », disait-il, car c'était de meurtre et de sang que son âme avait faim et soif. Le héros savait pourtant – nous le savions tous – qu'en reprenant les armes, il accomplirait son destin : se couvrir de gloire en tuant Hector puis périr à son tour.

Zeus avait promis à Thétis d'accorder la victoire aux Troyens tant que son fils resterait loin du combat. À présent, délié de son engagement, il accorda aux dieux de s'engager autant qu'ils le désiraient aux côtés de leurs protégés respectifs, tandis que lui s'installa au balcon de l'Olympe pour assister au spectacle. Et le spectacle fut grandiose. Achille parcourait le champ de bataille, provoquant la panique parmi les Troyens. Le fils de Pélée fendait la foule des combattants à la recherche d'Hector car « *c'est de lui surtout, de son sang, que son cœur le poussait à rassasier Arès* ».

Or, c'est sur Énée qu'il tomba d'abord. Le fils de Pélée et le fils d'Anchise se toisèrent. Après s'être lancé quelques invectives, ils se jetèrent l'un contre l'autre. Si par leur mère – Thétis pour l'un, Aphrodite pour l'autre – du sang divin coulait dans leurs veines, il était évident qu'Énée n'avait aucune chance face à son ennemi qui le chargea en poussant des cris terribles, la haine dans les yeux et la rage au ventre. Les dieux savaient qu'après la destruction de Troie, Énée serait promis à une grande destinée en terre italique. Aussi Poséidon ne le laissa pas sans assistance : il versa un brouillard sur les yeux d'Achille et emporta Énée loin du danger. Privé de sa proie, Achille étancha sa soif de sang en trucidant tout qui passait à sa portée. Il finit par trouver celui qu'il cherchait, Hector, et s'élança contre lui. Cette fois-ci, Apollon s'interposa en enveloppant Hector d'un épais brouillard. Les coups d'Achille frappèrent le vide. Le duel tant attendu était remis à plus tard, les dieux faisaient durer leur plaisir.

Achille reporta sa rage sur la piétaille troyenne. À grands cris, il en accula une partie jusqu'aux rives du Scamandre. « Pas de quartier », telle était la devise d'Achille. Bientôt le fleuve s'emplit de cadavres et son eau se transforma en sang. Achille n'épargna – momentanément – que douze jeunes Troyens qu'il ligota afin de les sacrifier plus tard sur le bûcher de Patrocle. Le massacre se prolongea jusqu'à ce que le Scamandre, incapable de charrier une telle montagne de morts et ne parvenant plus à se jeter dans la mer, se mît à inonder la plaine, comme s'il voulait protéger les Troyens du désastre en empêchant Achille de poursuivre sa vindicte. Il s'en fallut de peu que le héros lui-même ne fût emporté par le flot tumultueux rougi du sang de ses victimes. Héphaïstos intervint en allumant un vaste feu, comme lui seul en possède le secret. L'incendie assécha promptement la plaine et arrêta le flot dévastateur. Le feu acheva l'œuvre de l'eau : les noyés furent brûlés. La nature et ses éléments se déchaînèrent comme jamais depuis la Titanomachie. Le spectacle était apocalyptique.

Les dieux qui se partageaient en deux camps se mirent à guerroyer eux aussi. Athéna et Arès s'affrontèrent. Le dieu de la force brutale fit long feu face à la déesse de la stratégie. Athéna le frappa au cou d'une pierre épaisse et désunit ses membres. Pendant ce temps, non loin de là, Héra arrachait l'arc des épaules d'Artémis qui venait de se quereller avec son frère Apollon. L'épouse de Zeus frappa Artémis avec l'arme confisquée. Elle fit cela avec une telle aisance qu'elle ne cessait de sourire tout en frappant. Artémis « *s'enfuit comme une colombe* » sans demander son reste. Elle s'en alla pleurer sur les genoux de son père et, semeuse de zizanie, elle lui glissa à l'oreille : « *C'est ton épouse*[42] *qui m'a rudoyée, Héra aux bras blancs* ». Mais l'essentiel en ce moment se passait ailleurs : sur terre, dans la plaine de Troie.

Du haut des remparts, le vieux Priam en proie au désespoir observait le carnage. Son épouse Hécube, tremblante de peur, se tenait derrière lui. Il ordonna d'ouvrir grandes les portes afin de permettre aux Troyens de fuir les coups furieux d'Achille qui transformait la plaine en arène. Tous les hommes encore valides s'y réfugièrent à toutes jambes. Seul le téméraire Hector ne bronchait pas, bien décidé à ne pas reculer devant l'ennemi. Il se dressait devant les portes Scées, à deux pas du tombeau de Laomédon, père de Priam. Son père le supplia de sauver sa vie, sa mère Hécube dévoila son sein en poussant une longue lamentation censée fléchir le cœur de l'intrépide. Mais Hector restait impassible à ces supplications car il attendait Achille. Et bientôt il le vit surgir, plus assoiffé de sang que jamais. Gagné par la peur, le héros troyen flancha et prit la fuite le long des remparts. Achille le poursuivait. Après la troisième circumambulation autour de la ville, le sang-froid – ou le sens de l'honneur – lui revint et il arrêta sa course. Il était prêt. Or, Zeus venait de poser les sorts des deux protagonistes sur les plateaux de sa balance et le destin avait tranché : « *Le jour fatal*

[42] Héra est la belle-mère acariâtre d'Artémis. N'oublions pas que l'épouse attitrée de Zeus tenta d'empêcher Léto de mettre au monde ses jumeaux, les deux archers Apollon et Artémis.

*d'Hector s'abaissa ; il allait chez Hadès* ». Apollon s'inclina devant le sort et se retira du jeu : Hector était désormais livré en pâture à Achille. Le Troyen, dont les minutes étaient comptées, proposa à son ennemi d'agir avec noblesse : « Que le vainqueur ne mutile pas le cadavre du vaincu ». Achille rejeta dédaigneusement la proposition : « *Il n'y a pas entre moi et toi d'amitié, et entre nous il n'y aura pas de serments* ».

Le combat s'engagea, rapide, très rapide. L'attente d'un événement est souvent plus longue que le déroulement de l'événement lui-même. Les lances manquèrent leur but, et les glaives furent aussitôt dégainés. Achille atteint Hector au seul endroit où l'armure de bronze ne couvrait pas la peau, « *là où les clavicules séparent le cou des épaules, à la gorge, par où l'âme se perd le plus vite* ». Il faut croire que revêtir l'armure d'Achille porte malheur : Patrocle mourut avec les armes que son ami lui avait prêtées et Hector subit le même sort en portant l'armure prélevée sur le cadavre de Patrocle.

Les dernières paroles qu'Hector perçut avant de sombrer dans la noire mort furent : « *Toi, les chiens et les oiseaux te déchireront horriblement, pendant que Patrocle recevra, lui, les honneurs funèbres* ». Achille a toujours fait preuve de démesure, cette *hybris* si caractéristique de son caractère excessif. Sa colère à l'égard d'Agamemnon fut démesurée et le traitement odieux qu'il infligea au cadavre de son ennemi ne l'était pas moins. Il lui perça les tendons des pieds et y attacha des courroies qu'il lia à son char. Il fouetta ses chevaux et traîna le corps autour des murs de la ville avant de l'emmener jusqu'au camp achéen. Il outrageait ainsi son ennemi, il mutilait son cadavre afin de le priver de cette « belle mort » qui confère une gloire impérissable aux héros.

Priam, Hécube et le peuple troyen tout entier assistèrent à cette scène ignoble. Seule Andromaque n'avait pas encore paru sur les remparts. Elle n'avait pas assisté au dernier combat livré par son mari car, occupée à tisser tout en veillant sur leur petit Astyanax, elle ignorait qu'elle était déjà veuve. Elle venait d'ordonner à ses servantes de chauffer l'eau pour préparer un bain à Hector lorsqu'il reviendrait du combat. C'est alors qu'elle entendit les lamentations venues des remparts. Elle y accourut et ce qu'elle vit lui glaça le sang : « *Sur ses yeux descendit une nuit sombre, qui les voila ; elle tomba à la renverse et s'évanouit* ».

## Les funérailles de Patrocle

Les Troyens passèrent cette nuit-là à gémir sur leur sort car ils avaient perdu leur soutien le plus sûr. Quant à Achille, son sommeil fut agité par un rêve issu des tréfonds de la terre. Le fantôme de Patrocle lui apparut et lui demanda de l'ensevelir au plus tôt afin qu'il puisse franchir les portes de l'Hadès et traverser le fleuve Achéron qui l'enserre de ses flots noirs[43]. Son âme errait vainement devant ces portes car elle n'avait pas reçu les derniers hommages dus aux défunts. Achille tenta d'embrasser son ami, mais il ne saisit que l'air et le fantôme disparut. Dès le lever du jour, il ordonna que soit dressé un bûcher de cent pieds de long et autant de large. Les victimes écorchées s'y entassèrent : des moutons, quatre chevaux et deux chiens. Toujours mû par sa démesure, Achille ajouta à ces animaux sacrifiés les douze jeunes Troyens capturés lors du combat dans les eaux du Scamandre. Il les égorgea puis bouta le feu au bûcher. Si cette coutume cruelle a été pratiquée aux temps ancestraux, de nos jours seuls les barbares immolent encore des victimes humaines. Achille remettait donc à l'ordre du jour une antique sauvagerie. Cependant, personne ne songea à refréner sa hargne. Du reste, Agamemnon lui-même n'avait-il pas sacrifié sa fille pour satisfaire Artémis et obtenir les vents qui devaient emmener les vaisseaux achéens à Troie ? Lorsque les flammes eurent fait leur office en dévorant les chairs, les ossements de Patrocle furent recueillis, déposés dans une urne en or et solennellement enfouis sous un tertre circulaire.

[43] La figure du nocher Charon qui transborde les âmes d'une rive à l'autre en se faisant payer le trajet par une obole n'apparaîtra que plus tard. Homère ignore le vieux passeur que Virgile a rendu si célèbre.

Achille organisa ensuite de somptueux jeux funèbres en l'honneur du défunt. Les lugubres funérailles sont toujours suivies d'une festivité réparatrice ou d'un festin rassembleur. Il nous invita tous à participer à la course de char, au pugilat, à la course à pied et aux lancers. Les prix accordés aux vainqueurs étaient tout sauf médiocres : des chaudrons, des trépieds, des chevaux, des mulets, des bœufs, de belles captives, ainsi que du fer, ce métal précieux apprécié pour sa dureté supérieure au bronze lui-même. Pour ma part, je ne participai qu'aux deux dernières épreuves. Malgré ma blessure au dos qui me gênait encore, je me sentis de taille à affronter Ajax au pugilat. Nous luttâmes longtemps, sans que l'un ne fût capable de plaquer l'autre au sol. Achille mit fin à notre lutte en nous déclarant tous deux vainqueurs. Insatisfaits par cet *ex aequo*, nous décidâmes de confronter nos forces à la course à pied. Ajax partit comme une flèche. Je le suivais de près sans toutefois parvenir à le rejoindre. J'adressai alors une prière à Athéna qui m'avait si souvent prêté main forte. Je lui demandai de venir au secours de mes pieds. La déesse m'entendit car aussitôt je sentis mes membres s'alléger. La déesse fit mieux encore : elle glissa sous les pieds d'Ajax une bouse d'un des bœufs qu'Achille avait sacrifiés. Il s'étala de tout son long. Pendant que je recevais le prix de la victoire, un magnifique cratère, Ajax crachait la bouse qui lui avait empli la bouche et le nez, ce qui fit bien rire les spectateurs. Ce moment de détente agonistique était le bienvenu après toutes les souffrances endurées !

## Priam rachète le cadavre de son fils

L'âme de Patrocle avait reçu les honneurs dus. La colère d'Achille ne tarissait toutefois pas. Le sommeil le fuyait et chaque matin il répétait un rite cruel : par trois fois, son char traînait le corps d'Hector autour du tombeau de Patrocle[44]. Les dieux eux-mêmes

[44] D'aucuns (Euripide et Virgile) affirment qu'il traînait le cadavre autour des remparts de Troie.

s'émurent de ce manque d'humanité. Cela faisait déjà douze jours qu'Hector gisait dans la poussière et était malmené par son meurtrier. Apollon, que le miasme a toujours dégoûté, voulait mettre fin à ce traitement ignominieux. Héra au contraire considérait qu'Hector n'avait que ce qu'il méritait. Comme d'habitude, Zeus trancha. Il envoya Thétis auprès d'Achille pour qu'elle calme enfin le ressentiment de son fils et manda la messagère Iris auprès de Priam pour lui suggérer de tenter de marchander le corps de son fils contre une rançon.

Lorsque Priam fit part à son épouse de ce projet que lui avaient inspiré les dieux, Hécube s'y opposa fermement : « *Cet homme cruel et perfide n'aura pour toi ni pitié ni respect !* » De fait, après avoir tué Hector, sans compter les innombrables autres braves tombés sous ses coups, Achille n'allait-il pas envoyer le vieux Priam à son tour chez Hadès ? Cependant, Priam était décidé : il fit ouvrir ses coffres pour en tirer les présents qu'il offrirait à Achille en échange de la dépouille de son fils. Zeus chargea Hermès de l'escorter jusqu'au camp ennemi où il devait s'introduire sans être reconnu. À la nuit tombée, Priam parvint sans encombre jusqu'à la baraque d'Achille. Il était accompagné d'un vieux héraut qui conduisait le char sur lequel le cadavre devait être ramené à la ville. Il se jeta aux pieds d'Achille, lui saisit les genoux et lui baisa les mains. Les paroles du vieux roi émurent l'intrépide Achille. Il évoqua la peine d'un père endeuillé, il rappela que lui aussi, Achille, avait un père qui dans ses vieux jours espérait son retour au pays, il lui présenta la rançon immense qu'il offrait en échange du corps. Tout cela était émouvant, mais ce furent les dernières paroles du vieux Priam qui achevèrent de convaincre Achille : « *J'ai eu le courage de faire ce que n'a fait encore sur la terre aucun humain : j'ai porté à ma bouche la main du meurtrier de mon fils* ». Le plaidoyer était convaincant et la colère d'Achille se tut enfin. Il prouva ainsi qu'il était humain lui aussi, malgré tout. Il fit asseoir Priam et lui accorda ce qu'il était venu chercher.

De la rançon qu'il reçut, il préleva deux manteaux et une belle tunique pour en faire un linceul improvisé dont il enveloppa le corps. Il posa délicatement sur un brancard la dépouille encore haïe et molestée un instant auparavant. Le père et le meurtrier, tous deux endeuillés, partagèrent ensuite un repas qui scella leur pacte. Depuis la mort de son fils, Priam n'avait avalé « *ni nourriture ni vin flamboyant* ». Épuisé, le vieux roi demanda qu'on lui dresse un lit. Avant que ne s'endorme son hôte enfin apaisé, Achille lui demanda combien de jours de trêve il souhaitait pour célébrer les funérailles de son fils héroïquement mort sous ses coups. Le roi demanda neuf jours de lamentations – les thrènes[45], en terre troyenne ou grecque, prennent du temps –, un dixième jour pour l'ensevelissement et le repas funèbre, un onzième pour l'élévation d'un tertre. Au douzième jour la guerre pourrait reprendre, s'il le fallait. Achille accepta de suspendre les hostilités tout le temps réclamé. Il démontrait ainsi que démesure et magnanimité sont sœurs jumelles qui souvent vont main dans la main.

Le lendemain, le cortège funèbre conduit par Hector pénétra dans Troie. La foule l'accueillit en pleurs. D'une main, Andromaque et Hécube touchaient la tête du mort et de l'autre elles s'arrachaient les cheveux. Andromaque se lamenta sur la perte de son mari et plaignit le sombre avenir de leur petit Astyanax. Hécube pleura sur le funeste sort de son fils. Hélène fut la troisième à prendre la parole pour dire à quel point Hector l'avait toujours traitée avec le plus grand respect, alors même qu'elle était la cause de tant de souffrances, alors même que, Pâris et Priam mis à part, il ne restait plus un seul Troyen qui ne l'ait prise en horreur.

Comme annoncé, les funérailles d'Hector durèrent onze jours[46].

## Le Palladion

Le douzième jour, la guerre reprit. Sachant la cité ennemie privée de son champion, nous étions impatients de retourner au com-

[45] Les thrènes consistaient en lamentations funèbres lors des funérailles.

[46] L'*Iliade* se termine sur les funérailles d'Hector. La suite du récit ne nous est connue que grâce au *Cycle troyen* et aux tragédies de l'époque classique.

bat. Je me souvins alors de l'oracle dont m'avait fait part le devin Hélénos. Selon cet oracle, Troie ne serait pas prise tant qu'elle bénéficierait de la protection du Palladion, cette vénérable statue en bois de Pallas Athéna qui, disait-on, était tombée du ciel à l'époque où Ilos était occupé à fonder la ville. L'idole sacrée était conservée dans le temple de la déesse situé dans la ville haute. On raconte que le Palladion était tombé de l'Olympe et avait atterri dans le temple d'Athéna qui était alors en construction. Le temple n'avait pas encore reçu de toiture et la statue vint miraculeusement s'y loger. Cette chute providentielle fut évidemment interprétée comme un signe de bon augure. C'en était un puisque depuis lors la statue garantissait l'intégrité de la cité qui lui rendait un culte.

Pour dérober le Palladion, il fallait donc pénétrer dans la ville, accéder à l'acropole et s'introduire dans le temple. Le tout sans être repéré, bien évidemment. Cela n'était pas une mince affaire, mais je proposai de tenter le coup : ne me suis-je pas fait une spécialité des missions d'espionnage nocturne et des larcins qui exigent audace et ruse ? L'Assemblée accepta mon plan et vota à l'unanimité pour que Diomède m'accompagne. Tout le monde se souvenait du succès de notre expédition, lorsque nous avions arrêté, interrogé et tué le malheureux Dolon.

À la nuit tombée, je me déguisai en mendiant – un accoutrement que je revêtis également pour passer inaperçu le jour où je voulus regagner incognito mon palais – et nous nous faufilâmes jusqu'aux murs de la cité. Je chargeai mon complice Diomède de faire le guet et d'intervenir si l'affaire tournait mal, pendant que moi, sous les traits d'un simple mendiant, j'escaladai les remparts et m'introduisis dans la cité. Je connaissais les lieux pour les avoir déjà parcourus le jour où j'étais vainement venu proposer un règlement à l'amiable en compagnie de Ménélas. Je parvins sans être inquiété jusqu'à l'acropole. Au moment où je passais devant les portiques polis du palais de Priam, mon cœur cessa de battre : Hélène sortait du palais pour se rendre je ne sais où. Nos regards se croisèrent. Il ne me fallut pas plus d'une seconde pour la reconnaître, elle n'avait rien perdu de son ensorcelante beauté ! Le plus surprenant, c'est qu'elle aussi me reconnut immédiatement, malgré mon déguisement. J'allais prononcer son nom mais elle posa son index sur mes lèvres en m'intimant de me taire et de la suivre. Lorsque nous fûmes à l'écart, elle me demanda ce que je venais faire en pleine nuit dans la cité de mes ennemis et m'assura que je pouvais compter sur sa discrétion et même son aide. Sans doute se souvenait-elle que, tout jeune encore, j'étais allé à Sparte dans le secret espoir de l'épouser. Toujours est-il qu'en apprenant mon projet, elle félicita mon audace et me conduisit jusqu'au temple d'Athéna. Mis en confiance, je lui révélai le plan que j'étais en train de mettre sur pied – le cheval de Troie – dont je vous reparlerai dans un instant.

Pendant que je chapardais la statuette en bois, facile à empocher, elle monta la garde devant le parvis du temple. « Pourquoi m'aides-tu ainsi, belle Hélène ? Les Troyens t'ont pourtant réservé un bel accueil et une indéfectible hospitalité, non ? », lui demandais-je avant de la quitter. Elle ne me répondit pas et baissa les yeux. Était-elle lasse de son amant Pâris ? Regrettait-elle son mari Ménélas ? Pleurait-elle la folie qu'Aphrodite avait mise en son cœur ? Désirait-elle se racheter aux yeux des Achéens ? Ou peut-être s'en voulait-elle d'être la cause de tant de massacres et avait-elle hâte de voir cette guerre prendre fin ? Je n'ai jamais su ce qui l'avait motivée à trahir les Troyens.

Chargé de l'idole en bois, je regagnai les portes de la cité. Les gardes me repérèrent. En voyant le Palladion ainsi transporté par un mendiant, ils voulurent m'arrêter. Je n'eus aucune difficulté à les occire l'un après l'autre et je rejoignis Diomède qui commençait à s'impatienter. Mission accomplie, nous portâmes notre précieux butin dans le camp où les Achéens applaudirent le succès de cette folle entreprise[47]. Plus rien ne s'opposait désormais à la chute de Troie.

[47] Quelques mauvaises langues, sans doute jalouses, ont colporté la rumeur selon laquelle Diomède avait fait tout le travail et que sur la route du retour Ulysse tenta de le tuer pour s'attribuer tout le mérite de l'expédition. Tout cela est pure médisance. Certes, Ulysse est menteur, bonimenteur, rusé et parfois fourbe, mais jamais lâche. De surcroît, Diomède était un ami et le héros n'a jamais trahi une amitié. Certains ont aussi affirmé qu'il n'avait ravi qu'un faux Palladion, tandis que la vraie statue, cachée en un lieu secret, était restée à Troie et qu'Énée l'emporta avec lui dans sa fuite. La statue, affirment-ils, serait ainsi passée de Troie à Rome : après avoir protégé la cité de Priam, elle aurait assuré le salut de la ville de Romulus, descendant d'Énée. Cette version est invraisemblable : pourquoi donc Troie serait-elle tombée si le véritable Palladion y était resté ?

# La mort d'Achille et le suicide d'Ajax

Encouragés par la perspective de saccager la ville à présent privée de son Palladion, nous attaquâmes le lendemain dès l'aube. Nous espérions terminer la journée dans la liesse, nous la terminâmes en deuil.

Achille, toujours aussi prompt à frapper, repoussait à lui seul les troupes troyennes qui avaient osé s'aventurer *extra muros.* Apollon lui ordonna de ne pas aller plus loin. Achille se moqua bien de cet avertissement et poursuivit en direction des portes. On a beau s'appeler Achille et être le fils de Thétis, éveiller le courroux du dieu archer revient à flirter avec la mort. Apollon estima qu'il revenait à Pâris de venger la mort de son frère Hector. Du haut des remparts, Pâris attendait que son ennemi fût assez proche. Lorsqu'Achille fut à portée de ses flèches, il banda son arc, prit le temps de viser le talon vulnérable et décocha un trait mortel. Il ne fait aucun doute que Pâris était un excellent archer, cependant tout porte à croire qu'Apollon lui-même dirigea la flèche vers sa cible. Toujours est-il qu'Achille s'effondra. Le destin qu'il s'était choisi – une existence brève mais glorieuse plutôt qu'une longue vie dans l'anonymat – fut accompli. Et pourtant, par une ironie du sort, c'est par le plus couard des Troyens que fut tué le plus valeureux des héros achéens ! Seconde ironie du sort, il paraît qu'Achille venait de tomber éperdument amoureux de Polyxène, la plus jeune sœur de Pâris, qu'il avait aperçue auprès d'une fontaine située à proximité des portes de Troie.

Comme toujours en pareil cas, la dépouille fut l'objet d'une violente bataille. Les Troyens espéraient emporter ce prestigieux butin, tandis que nous voulions lui accorder de dignes funérailles. Ajax et moi parvînmes non sans peine à le ramener dans notre camp, lui ainsi que la panoplie qu'il avait reçue d'Héphaïstos. Le soir même, nous lui élevâmes un tombeau au bord de la mer. Lorsqu'il y fut déposé, nous entendîmes distinctement une voix lugubre s'élever du tertre. Elle réclamait que Polyxène fût sacrifiée à la mémoire du héros. Achille n'avait pas obtenu Polyxène de son vivant, il voulait la posséder dans l'au-delà. Lui-même avait immolé douze Troyens aux mânes de Patrocle et il exigeait de nous que nous répétions ce rite barbare pour satisfaire son éternelle démesure. Plus tard, lorsque Troie fut prise, nous avons exaucé ce détestable vœu : nous avons capturé la vierge et l'avons égorgée sur le tombeau du héros qui vécut et mourut esclave de ses passions. La guerre avait débuté avec le sacrifice d'Iphigénie, elle se clôtura par celui de Polyxène.

Hector tua Patrocle, mais il fut occis par Achille qui lui-même le fut par Pâris. La chaîne ne pouvait s'arrêter là : quelqu'un allait bientôt trucider Pâris. Qui donc mieux qu'un archer pouvait régler son sort ? C'est une flèche empoisonnée de Philoctète – possesseur de l'arc d'Héraclès, souvenez-vous – qui dans la mêlée arracha la vie au ravisseur d'Hélène.

Il restait à décider du sort des armes d'Achille. Qui allait hériter de ce don du dieu forgeron ? Thétis, tout en pleurs, déclara qu'elles devaient revenir à celui d'entre nous qui avait inspiré le plus de peur aux Troyens. Les candidats ne manquaient pas. La meilleure façon de trancher cette épineuse question était, nous sembla-t-il, d'interroger les prisonniers troyens. À mon grand étonnement, ceux-ci me désignèrent.

Cependant, Ajax, avec qui j'avais tenu les Troyens en respect pour ramener la dépouille d'Achille au camp, s'était mis en tête que c'était à lui et lui seul que revenaient ces armes. Évincé, il quitta l'Assemblée en colère. Durant la nuit, sans doute ivre et devenu fou, il massacra les moutons et les cochons destinés à notre ravitaillement. Dans sa folie furieuse, peut-être prenait-il ces bêtes pour les responsables de son éviction ou pour mes compagnons d'Ithaque ? Allez savoir. Toujours est-il qu'il égorgea le troupeau entier en pensant venger son honneur. Lorsqu'au petit matin, il retrouva sa raison et réalisa l'absurdité de son comportement, la furie céda place à la honte. Il se retira aussitôt dans son baraquement et se jeta sur son épée pour se donner la mort.

## Le cheval de Troie

Comme tout le monde le sait, c'est finalement ma ruse légendaire qui permit aux Achéens de pénétrer *intra muros* et de procéder à un massacre en règle. La ruse aboutit là où la force et la vaillance des héros avaient échoué. Les remparts étaient restés inébranlables et la cité inexpugnable tant que les muscles eurent voix au chapitre. Du jour où l'esprit ingénieux s'empara de l'affaire, le dénouement ne tarda plus.

Les hostilités avaient repris, le sang coulait à nouveau. Il était temps, me dis-je, de mettre fin à cette guerre qui durait depuis une décennie. En moi, le désir de serrer Pénélope dans mes bras l'emportait de loin sur celui de poursuivre ce siège stupide. La solution m'était apparue, évidente, durant une nuit d'insomnie : « Eurêka, m'étais-je exclamé en sautant hors du lit, le cheval, voilà la solution ! » Je sollicitai une Assemblée dans la matinée et, muni du sceptre, je fis part de mon projet aux Achéens. En bref, voici en quoi consistait le plan que j'avais ourdi et dont j'avais, imprudemment sans doute, fait part à Hélène lors de notre entrevue nocturne.

« Nous allons construire un immense cheval en bois et nous le laisserons sur la plage à proximité des remparts de Troie. Quant à nos baraquements, nous allons les déserter après y avoir mis le feu pour faire croire aux Troyens que, las de la guerre et désespérés depuis la mort d'Achille et le suicide d'Ajax, nous avons décidé de lever le camp et de rentrer chez nous. Les meilleurs guerriers d'entre nous, une trentaine tout au plus, se dissimuleront à l'intérieur du cheval, armés jusqu'aux dents et gardant le silence le plus absolu. Lorsqu'au matin, les Troyens se réveilleront, ils pourront constater que notre camp est abandonné et que nos vaisseaux ont disparu. En réalité, nos navires iront se cacher derrière l'île toute proche de Ténédos, prêts à revenir. Pour le bon déroulement de l'opération, il nous faudra laisser sur place un espion qui jouera un rôle capital. Vu que cet homme devra avoir de grands talents de comédien, je propose de confier la mission à mon cousin Sinon. Il est presque aussi rusé que moi, ce n'est pas peu dire. Et pour cause : son père Aesinos est mon oncle maternel et Autolycos, qui, souvenez-vous, était le roi du larcin, fut notre grand-père à tous deux. Avec une telle ascendance, il est le fourbe qu'il nous faut. Voilà ce qu'il devra faire. Une fois qu'il aura été capturé par les Troyens, ce qui ne saurait tarder, il leur dira qu'il est parvenu à nous échapper au moment où nous avions l'intention de le sacrifier aux dieux pour apaiser leur colère et prendre la mer en toute sécurité. Ou bien il leur dira que j'étais, moi, sur le point de le tuer tout simplement parce qu'il est proche parent de Palamède que je voue aux gémonies, comme je vous l'ai expliqué. Peu importe la raison pour laquelle il nous aurait fuis, pourvu que les Troyens le croient prêt à nous trahir. Les Troyens ne manqueront pas de lui demander ce que signifie cet immense cheval laissé derrière nous. Sinon devra alors les persuader de faire entrer le cheval dans leur ville en prétendant qu'il s'agit d'une statue adressée à Pallas Athéna. La déesse, dira-t-il, a exigé cette offrande expiatoire car elle est furieuse contre nous, Achéens, depuis que j'ai volé son Palladion. Elle nous a donc ordonné de remplacer sa statue en bois par un cheval fait de la même matière, un cheval qui assurera l'intégrité de Troie avec autant d'efficacité que le fit le Palladion. Les Troyens tomberont dans le panneau et feront entrer le cheval dans leur cité. La nuit venue, il ne restera plus aux guerriers dissimulés à l'intérieur qu'à en sortir et à ouvrir toutes grandes les portes de Troie pour que puissent s'y engouffrer nos troupes revenues de Ténédos. Troie nous appartiendra enfin ».

Mon exposé terminé, je rendis le sceptre de l'orateur au héraut et fus aussitôt acclamé par les applaudissements de l'Assemblée. Mon astuce fut saluée par tout le monde.

Le plan se déroula comme prévu, ou presque. Le cheval fut prestement construit, les plus vaillants d'entre nous s'y dissimulèrent, les vaisseaux allèrent se cacher derrière Ténédos et Sinon, laissé sur place, fit semblant de s'être échappé. Il fut bien vite repéré et arrêté par les gardes troyens. Enchaîné et conduit devant Priam, il fut soumis à la question. Il débita donc les mensonges prévus et fut laissé en vie. Les Troyens tombèrent dans le piège. Cela dit, à trois reprises, il s'en fallut de peu pour que mon plan échoue, une première fois à cause du prêtre Laocoon, une deuxième à cause de Cassandre et une troisième à cause d'Hélène.

En effet, lorsqu'ils virent que nous étions partis, les Troyens chargèrent le prêtre Laocoon d'adresser un sacrifice à Poséidon en le priant d'anéantir notre flotte par une tempête. Laocoon s'apprêtait à immoler un taureau au dieu de la mer quand deux immenses serpents, vraisemblablement envoyés par nos protectrices Héra et Athéna, jaillirent des flots. Les deux monstres ophidiens s'emparèrent de Laocoon et de ses deux fils qui l'assistaient dans son office, et les étouffèrent. Semblable prodige ne pouvait être qu'un avertissement des dieux. Or, Laocoon s'était opposé à l'introduction du cheval dans la ville. Il avait lancé un javelot contre le flanc du cheval et le son émis indiquait que celui-ci était creux. Soupçonnant qu'il s'agissait d'un cadeau empoisonné, il clama haut et fort : « *Je crains les Grecs même lorsqu'ils apportent des cadeaux* »[48]. Heureusement, l'intervention des deux serpents sembla contredire son avis. Les Troyens se dirent que les dieux avaient puni le prêtre parce qu'il les exhortait à refuser cette offrande faite à Athéna. Plutôt que suivre son conseil sacrilège, ils s'empressèrent d'accepter le cheval et le tractèrent dans la cité à l'aide de douze bœufs puissants.

Alors que le cheval de bois franchissait les portes Scées, nous avons à nouveau cru un instant que la ruse allait être découverte. Cette fois-ci à cause de la princesse Cassandre, fille de Priam et Hécube, et sœur jumelle d'Hélénos avec qui elle partage le don de prophétie. Nous étions sérieusement secoués à l'intérieur de notre cachette et nos armes métalliques s'entrechoquaient bruyamment. Entendant ce tintamarre, Cassandre annonça que le cheval allait provoquer la ruine de Troie. Par chance pour nous, Cassandre était condamnée à ne jamais être crue. Apollon l'avait punie car, tombé amoureux d'elle, il lui avait promis le don de prophétie si elle se donnait à lui. Or, la vierge avait trahi Apollon : lorsqu'il lui eut conféré l'art de deviner l'avenir, elle se refusa à lui. Le dieu se vengea en lui laissant le don de prophétie mais en lui ôtant l'art de persuader. Depuis lors, personne n'accorde crédit aux prédictions de Cassandre. C'est ce qui se produisit une fois de plus lorsqu'elle avertit les siens de ne pas introduire le cheval dans la ville.

[48] *Timeo Danaos et dona ferentes* (Virgile, *Enéide*).

Le cheval fut donc placé au cœur de la cité. Alors intervint Hélène. Lors de notre rencontre fugace, la nuit où je chapardai le Palladion, elle m'avait aidé dans mon entreprise. Sans doute était-elle depuis lors rongée par les remords d'avoir trahi la cause troyenne, ou peut-être avait-elle changé d'avis et préférait-elle rester avec Pâris plutôt qu'être récupérée par Ménélas ? Allez savoir, la femme est un être sans cesse changeant ! Toujours est-il qu'elle vint rôder autour du cheval. Je lui avais fait part de ma ruse et elle savait qui exactement se cachait à l'intérieur. Elle entreprit alors d'apostropher chacun des guerriers achéens dissimulés dans la statue en bois en imitant la voix de son épouse. Son but perfide était de provoquer une réaction chez ces hommes qui n'avaient plus vu leur épouse depuis près de dix ans. En répondant à l'appel, ils trahiraient leur présence dans les flancs du cheval et la ruse serait éventée. J'eus toutes les peines du monde à leur imposer le silence. Anticlos en particulier faillit tomber dans le piège. Il s'apprêtait à répondre à cette voix qu'il croyait être celle de sa femme et je dus mettre mes deux mains sur sa bouche pour le faire taire. Tout comme il m'arriva ultérieurement de résister aux voix des Sirènes, je ne fus pas trompé par celle de la belle Hélène.

Le cheval était donc placé sur l'agora de Troie, les Troyens fêtaient notre départ et le vin coula à flots jusque tard dans la nuit. Passablement enivrés, ils s'endormirent enfin et nous pûmes quitter notre cachette. Nous égorgeâmes les gardiens des portes et nos troupes déferlèrent dans les rues, les maisons, les temples, le palais. Ce fut un massacre en règle. La ville fut pillée et incendiée[49].

[49] Le géographe antique Ératosthène calcula que la prise de Troie eut lieu dans la nuit du 11 au 12 juin de l'an 1184 avant notre ère, lors d'une éclipse solaire.

## Les massacres

Dix ans que nous attendions ce moment ! Les massacres furent à la hauteur de l'attente. Possédés par la fureur de détruire et de tuer, nous parcourions les rues et ruelles où nous pataugions dans le sang. Nos épées frappaient tous ceux qui se trouvaient à leur portée. Réfugiés au fond de leur palais, Priam et tous les siens attendaient la mort en priant les dieux. Le vieux roi se tenait près de l'autel de Zeus, mais cet asile ne lui servit à rien. Néoptolème, le fils d'Achille venu nous rejoindre sur le tard, le saisit par les cheveux, l'arracha de l'autel et lui trancha la gorge.

Lorsque nous nous partageâmes les captives troyennes, la vieille reine Hécube m'échut à titre d'esclave[50], tandis qu'Andromaque, veuve d'Hector, fut attribuée à Néoptolème. Cassandre, la prophétesse maudite, revint à Agamemnon qui tomba follement amoureux de sa belle prisonnière. Il la ramena à Mycènes où le couple fut froidement accueilli – c'est le moins qu'on puisse dire – par Clytemnestre.

Néoptolème et moi trouvâmes le petit Astyanax, fils d'Hector et d'Andromaque et à ce titre héritier du trône, blotti dans les bras de sa nourrice. Nous nous concertâmes par un bref échange de regard et tombâmes d'accord : laisser le fils d'Hector en vie eut été imprudent et idiot. Le proverbe ne dit-il pas qu'il est sot celui qui tue le père et laisse vivre le fils ? L'enfant, « Prince de la cité » comme le dit son nom Asty-anax, devait mourir. Je partage la responsabilité de sa mort et cet infanticide pèse plus lourd sur ma conscience que les nombreux guerriers troyens que j'ai envoyés chez Hadès. Je tiens à préciser que ce fut Néoptolème et non moi qui arracha l'enfant du sein de sa nourrice, le saisit par le pied et le lança du haut des remparts.

[50] D'aucuns ont affirmé que la reine déchue fut lapidée et qu'Ulysse lui jeta la première pierre.

Le moment crucial de la journée, pour ne pas dire de la décennie, fut celui où Ménélas, parcourant les couloirs du palais comme un fou, tomba nez à nez avec Déiphobe. Ce dernier, fils de Priam et Hécube, avait obtenu la main d'Hélène aussitôt après la mort de son frère Pâris. Il tenta témérairement de barrer l'accès à la chambre d'Hélène et se dressa devant Ménélas. Comme lors du duel entre Ménélas et Pâris, cette rencontre-ci opposait le mari légitime de Sparte et l'amant de Troie. Pas plus que Pâris, Déiphobe ne faisait le poids face au roi spartiate : Ménélas trucida son rival sans difficulté. Puis, dans sa colère, il se comporta avec la dépouille de son ennemi comme Achille l'avait fait avec le corps d'Hector. Il le mutila avec acharnement, lui coupa les mains, les oreilles et le nez, le laissant à peine reconnaissable[51].

Il fracassa ensuite la porte de la chambre où son épouse infidèle s'était réfugiée. Il se jeta sur elle, la saisit par les cheveux et dégaina son épée. Je le suivais de près. Allait-il la tuer pour lui faire payer son infidélité et dix ans de guerre ? Cela me sembla un comble d'absurdité. S'être battu si longtemps pour finalement exécuter celle que nous nous étions promis de ramener au bercail ! Je m'interposai et calmai Ménélas qui écumait de rage. Hélène profita de ce moment d'hésitation pour dégrafer la fibule de sa tunique et découvrir son sein blanc. Il n'en fallut pas davantage pour qu'aussitôt Ménélas se radoucisse. L'amour qu'il portait encore à sa femme, la plus belle du monde, faut-il le rappeler, l'emporta sur sa colère. Il l'embrassa et c'est sur ce baiser que prit fin la guerre de Troie.

Je n'irai pas jusqu'à dire qu'il s'agit d'un heureux dénouement. Voyez plutôt la suite.

[51] Lors de sa visite des enfers, Énée verra le visage cruellement mutilé de Déiphobe.

# La fuite d'Énée et le retour des Achéens en Grèce

Certains affirment avoir vu dans la mêlée le héros troyen Énée prendre la fuite vers le port de la ville. Il portait – pieusement ou piteusement, je ne sais trop – son vieux père Anchise sur le dos et tenait son gamin Ascagne par la main. Son épouse Créuse, fille de Priam et Hécube, les suivait, mais elle disparut durant la traversée de la ville livrée aux flammes, sans même qu'Énée ne s'en aperçût. Sans doute fut-elle tuée par un Achéen. Désormais des cinquante enfants du couple royal seule survivait Cassandre réduite à la captivité et au lit d'Agamemnon. On m'a rapporté par la suite qu'Énée avait reçu des dieux la mission de fonder une nouvelle Troie sur les terres occidentales des Italiotes. Tout comme moi, il aurait longuement été ballotté par les flots tempétueux de la Méditerranée. Si ces rumeurs sont exactes, cela signifie que nous parcourions tous deux la même mer en même temps. En somme, nous aurions pu nous croiser ici ou là[52]. Il se serait momentanément posé à Carthage auprès de la reine Didon avant de parvenir au Latium et s'y installer. Selon divers oracles, sa descendance est promise à un avenir glorieux et destinée à dominer le monde. Si tout cela est vrai, la mémoire de Priam sera sauvée par son gendre Énée.

Quant à la plupart des Achéens, j'ai perdu leur trace au lendemain de notre victoire. Nous étions arrivés à Troie ensemble, mais nous en repartîmes séparément, les uns tout de suite, les autres non. Nombre d'entre eux payèrent les sacrilèges commis durant la prise de Troie, temples pillés ou victimes arrachées aux autels auprès desquels elles étaient venues chercher un vain refuge. Les dieux n'apprécient guère qu'on viole leurs sanctuaires ou qu'on maltraite les suppliants qui se placent sous leur protection.

[52] Plutarque affirmait qu'Ulysse, exilé en Italie après le massacre des prétendants, y avait rencontré Énée.

Bien des années plus tard, j'ai appris que Ménélas et Hélène ont longtemps erré avant de regagner Sparte. Le navire qui les ramenait a été emporté par une tempête jusqu'en Égypte où le couple séjourna cinq ans avant de regagner Sparte[53]. J'ai également appris qu'Agamemnon connut un sort funeste à son retour à Mycènes. Lui qui revenait victorieux et couvert de gloire fut assassiné dès son arrivée chez lui. Sa femme Clytemnestre le fit tuer dans son bain le jour même de son retour ! Elle ne lui avait jamais pardonné d'avoir sacrifié leur fille Iphigénie. En outre, elle était furieuse de voir son mari revenir avec Cassandre dans sa suite. L'exceptionnelle beauté de la jeune Troyenne avait évidemment éveillé sa jalousie. Pourtant, contrairement à ma brave Pénélope, Clytemnestre ne pouvait se targuer d'avoir fidèlement attendu son mari durant les dix ans de guerre. Bien au contraire, elle s'était empressée de le remplacer par un certain Égisthe. Cet amant prit la place d'Agamemnon dans son lit et sur son trône.

Pitoyable fin pour un roi qui avait vaincu la plus puissante de toutes les cités jamais bâties sur terre ! Pitoyable fin aussi d'ailleurs pour Clytemnestre qui, quelques années plus tard, succomba sous les coups de son fils Oreste : désireux de venger la mort de son père, Oreste tua sa propre mère. Quand je vous disais que notre victoire à Troie ne correspond pas à une bienheureuse conclusion.

En ce qui me concerne, mon retour à Ithaque fut tout sauf une paisible croisière en mer Égée. À vrai dire, je mis dix ans avant de regagner ma patrie, ce qui signifie que je restai absent de chez moi durant vingt longues années. Vous raconter toutes les péripéties de mon retour risque de vous retenir encore un moment, mais je pense que cela en vaut la peine.

[53] Selon une version invraisemblable, Ménélas aurait retrouvé Hélène en Égypte où elle aurait séjourné durant toute la guerre. Pâris aurait été berné et n'aurait emmené à Troie qu'une sorte de fantôme d'Hélène. Autrement dit, les Achéens se seraient battus pour un fantôme ! Cette version plaisait sans doute à ceux qui voulaient à tout prix sauvegarder la réputation d'Hélène en gommant son coupable amour pour Pâris.

# Le départ de Troie et les Cicones[54]

Au moment de quitter Troie, ou plus exactement les ruines de la ville dévastée, une querelle opposa Agamemnon à son frère Ménélas. Ce dernier voulait partir sur le champ, tandis qu'Agamemnon préférait différer quelque peu le départ, le temps d'adresser des offrandes à Athéna afin de se concilier la déesse irritée depuis le vol de son Palladion. Nestor, Diomède et moi partagions l'opinion de Ménélas : nous n'avions qu'une envie, rentrer au plus tôt. Mes douze vaisseaux ainsi que ceux de Nestor et ceux de Diomède accompagnèrent donc la flotte de Ménélas. Cependant, dès notre première escale, à Ténédos, une violente dispute éclata entre Ménélas et moi au sujet d'Hélène. Je vous passe les détails. Exaspéré, je décidai de faire demi-tour à Troie pour voyager plutôt avec Agamemnon. Serais-je rentré plus vite chez moi si j'étais resté avec Ménélas et Nestor ? Je me le suis souvent demandé. Toujours est-il qu'après ce départ manqué, je repartis de Troie en compagnie des nombreux vaisseaux d'Agamemnon.

Troie disparaissait lentement sur la ligne bleutée de l'horizon lorsque le vent se mit à souffler. Les nuages s'assombrirent, porteurs d'une pluie drue. La tempête gronda. Nos pilotes n'eurent bientôt d'autre objectif que d'éviter le naufrage. Il ne fallut pas longtemps pour que les vaisseaux d'Agamemnon et les miens se perdent de vue. Dérivés vers le nord, nous abordâmes les côtes de Thrace où vivait le peuple des Cicones, alliés des Troyens. Mon escale sur ces côtes hostiles fut en quelque sorte le dernier épisode de la guerre, une ultime occasion de piller et d'obtenir un riche butin. En somme, une razzia comme nous en avons fait tant et tant. Nous nous emparâmes de leur capitale Iscaros et les habitants furent passés au fil de l'épée. J'accordai toutefois la vie sauve à l'un

[54] Homère a passé sous silence les événements survenus après les funérailles d'Hector. Le récit homérique reprend à partir de l'escale chez les Cicones. Les extraits empruntés à l'*Odyssée* sont cités en italique dans la traduction de Victor Bérard, éventuellement adaptée au besoin du récit.

d'eux, Maron, qui était prêtre d'Apollon, ainsi qu'à sa famille. En remerciement, il me donna douze amphores d'un vin liquoreux, « *boisson divine, douce comme le miel* ». Le nectar en question nous sauva la vie plus tard car c'est avec lui que j'enivrai Polyphème. En attendant, mes hommes refusèrent de repartir car le vin était délicieux et les viandes ne manquaient pas. Ils voulurent faire ripaille. Ce fut une erreur car le temps passé à bambocher permit aux Cicones d'appeler leurs voisins en renfort. Nous fûmes rapidement submergés par le nombre d'ennemis. Je perdis plusieurs de mes hommes, et c'est en toute hâte que nous dûmes rembarquer. Ce n'était pourtant que mon premier déboire. D'autres allaient suivre et le nombre de mes hommes n'allait cesser de fondre comme neige au soleil.

## Au pays des Lotophages

Nous avions repris la mer, heureux à l'idée de nous rapprocher de la patrie et de nos foyers. Arrivés en vue du cap Malée qui s'avance à la pointe du Péloponnèse, nous guettions avec impatience l'horizon pour voir poindre l'île d'Ithaque. Cependant, le vent du nord se leva et un fort courant nous emporta à la dérive vers le large. Nos vaisseaux furent le jouet de la houle durant neuf jours. Nous avions quitté les eaux connues des Achéens et abordions les mers du sud et du Couchant, un univers peuplé de monstres et de mystères où j'allais errer durant dix ans ! C'est un peu comme si j'avais laissé derrière moi les frontières du monde humain.

Le dixième jour, nous aperçûmes une côte[55]. Nous accostâmes et j'envoyai trois de mes hommes en reconnaissance. Ils étaient censés revenir nous apprendre si ce pays inconnu était peuplé et si les indigènes étaient hospitaliers ou hostiles, mais on ne les revit plus. Non pas qu'ils aient été mal reçus ou massacrés. Au contraire,

[55] On localise le pays des Lotophages sur les côtes de la Tunisie. Peut-être est-ce l'île de Djerba.

ils ont été chaleureusement accueillis par les habitants du lieu, les Lotophages, « *un peuple qui n'a, pour tout mets, qu'une fleur* ».

Ces Lotophages servirent la fleur du *lotos*[56] à mes hommes et aussitôt ils ne voulurent plus rentrer. Seul ce narcotique comptait désormais pour eux. Je dus les ramener de force et les enchaîner dans les cales car ils ne pensaient plus qu'à retourner manger cette nourriture délicieuse qui procure l'oubli de tout, y compris de qui l'on est, d'où l'on vient et où l'on va. Sans vouloir faire de jeu de mots, je dirais que le *lotos* procure le *léthé,* « l'oubli ».

Oui, nous avions bel et bien abordé un monde irréel. Désormais plus rien n'était normal. La suite des événements nous le confirma.

## Chez les Cyclopes

Du pays des Lotophages nous sommes passés au pays des Cyclopes anthropophages. Autant les premiers étaient hospitaliers au point d'ôter aux hommes l'envie de repartir, autant les seconds étaient des brutes sauvages qui ne respectent rien, pas même les dieux. Je laissai le gros de ma flotte sur une petite île située en face de ce pays barbare qui se nomme Cyclopie[57], tandis qu'avec douze hommes triés sur le volet je décidai d'aller voir à quoi ressemblaient les habitants du lieu. J'aurais mieux fait de m'abstenir ! Quoique, au final, je ne regrette pas cette étape qui m'a donné l'occasion de mettre à l'épreuve ma *métis* pour me tirer d'affaire. À vrai dire, ce fut même ma ruse la plus géniale, digne de rivaliser avec celle du cheval de Troie. Par chance, j'eus la bonne idée d'emporter avec

56 On ne sait trop à quoi correspond ce *lotos*. D'aucuns y ont vu des dattes, d'autres des figues de barbarie ou des jujubes, mais il s'agit sans doute de cannabis.

57 Les Anciens déjà identifiaient le pays des Cyclopes comme une région volcanique. On a cru y reconnaître tantôt la côte orientale de Sicile (non loin de Catane et de l'Etna), tantôt la baie de Naples (non loin du Vésuve).

moi une outre remplie du délicieux vin que m'avait donné le prêtre Maron lors de notre escale chez les Cicones. Je m'étais dit qu'il pourrait servir de présent d'hospitalité au cas où nous rencontrerions quelqu'un. En réalité ce vin nous sauva la vie.

Au sommet d'un cap où la vue dominait l'horizon marin, nous avons trouvé une caverne qui servait d'étable à des brebis et des chèvres. C'était le repère de Polyphème. Ce Cyclope, fils de Poséidon, vivait là, seul, faisant paître ses troupeaux et ne fréquentant même pas ses congénères. Lorsque nous sommes arrivés à sa caverne, il était absent, au pacage avec ses moutons. Nous y avons trouvé du fromage, du lait, des agneaux, des chevreaux, bref de quoi repartir avec des victuailles. Mes hommes que l'endroit effrayait voulaient rembarquer sans traîner. Pour ma part, curieux comme d'habitude, un peu trop intrépide aussi sans doute, je voulais faire connaissance avec le berger qui n'allait pas tarder à rentrer. De fait, il revint avec son troupeau : c'était un géant, un véritable monstre dont la face était occupée par un œil unique. Il fit entrer ses bêtes dans la caverne dont il ferma l'entrée avec un énorme rocher. En nous voyant, il nous demanda qui nous étions et ce que nous faisions là. Je lui répondis que nous étions Achéens et revenions de Troie. Invoquant Zeus, le protecteur des étrangers et des voyageurs de passage, je lui demandai de nous accorder l'hospitalité. Pour toute réponse, le Cyclope affirma que Zeus était le dernier de ses soucis et qu'il ne nous épargnerait que si telle était son envie. Nous comprîmes à quel genre d'énergumène nous avions affaire lorsqu'il s'empara de deux d'entre nous et les fracassa contre terre : « *Leurs cervelles, coulant sur le sol, l'arrosaient ; puis, membre à membre, ayant déchiqueté leurs corps, il en fit son souper* ». L'horrible mangeur de chair crue ne laissa rien, il engloutit tout, les entrailles, la moelle, les os. Nous étions horrifiés. Je songeai un instant à me jeter sur lui pour le frapper de mon épée, puis je me ravisai : tuer le Cyclope revenait à nous faire périr nous aussi car lui seul était capable d'enlever le lourd rocher qui barrait l'entrée de la caverne. Nous passâmes la nuit blottis au fond de la caverne et gémissant sur notre sort.

Au petit matin, le Cyclope avala encore deux de mes hommes en guise de petit déjeuner, puis fit sortir ses bêtes qu'il emmena sur la montagne. J'avais jusqu'au soir pour ourdir un plan. C'était plus qu'il ne m'en fallait. Cette brute épaisse allait bientôt regretter d'avoir si mal reçu Ulysse ! J'avisai la massue que le Cyclope avait laissée dans un coin. Je taillai sa pointe et la passai sur la flamme pour la durcir. Nous avions là l'arme qu'il nous fallait. À son retour, notre hôte s'offrit derechef deux de mes hommes pour son souper. Nous n'étions plus que six. Il devenait urgent d'agir. Je m'adressai au Cyclope en ces termes : « *Prends donc un coup de vin sur les viandes humaines que tu viens de manger* ». Il accepta et vida d'une traite le baquet que je lui tendais. Il en redemanda encore et encore. Déjà ivre, il voulut savoir mon nom et me promit un présent. Ma réponse – qui forgea ma célébrité – fut : « *Mon nom est Personne* ». Quant au présent promis, il s'agissait de ne me manger qu'en dernier lieu, après mes compagnons. Là-dessus, le vin faisant son office, le Cyclope plongea dans un profond sommeil. Nous saisîmes le pieu effilé et le fichâmes dans l'œil du monstre. Il se réveilla en hurlant, retira le pieu qui l'avait aveuglé et appela les siens à l'aide. Ceux-ci accoururent et lui demandèrent : « *Pourquoi, Polyphème, ces cris d'accablement ? Est-ce toi que l'on tue ?* » Mon plan s'exécuta à merveille car l'idiot répondit : « *Qui me tue ? Personne !* »[58] Entendant que personne ne l'attaquait, les Cyclopes s'en retournèrent chez eux, pensant que Polyphème était devenu fou. Je riais sous cape.

Nous n'étions pourtant pas encore tirés d'affaire car il s'assit en travers de l'entrée de la caverne pour nous saisir au passage au cas où nous tenterions de sortir en nous mêlant aux moutons. Mais là encore, il trouva plus futé que lui. J'ordonnai à mes hommes de se dissimuler sous les béliers en s'accrochant avec de l'osier sous le ventre des bêtes, puis je fis de même et nous quittâmes l'antre suspendus à leur toison. Le Cyclope tâtait l'échine des béliers pour s'assurer que nous ne nous faufilions pas parmi eux, sans se douter un instant que nous étions sous eux et en train de lui filer au nez et à la barbe.

[58] Homère fait ici un jeu de mots : aux Cyclopes qui lui demandent si on le tue « *par la ruse ou par la force* », Polyphème répond que c'est « Personne » (*outis*) qui le tue par « ruse » (*métis*). *Outis* signifie « personne », tandis que *métis* désigne « la ruse » d'Ulysse, mais les premières syllabes des deux mots (*ou* et *mé*) sont synonymes : ce sont les deux formes grecques de la négation « ne pas ».

Arrivés au navire, nous fûmes accueillis par les cris de joie de nos compagnons qui étaient persuadés de ne jamais nous revoir. Je narguai Polyphème en lui criant depuis le pont du bateau que sa cécité était le prix à payer pour sa cruauté. Fou de rage, il s'empara d'un immense roc et le lança à l'aveugle dans notre direction. Par chance, il nous manqua de peu. Mes hommes me suppliaient de me taire et de prendre le large sans insister, mais j'aime avoir le dernier mot et je raillai à nouveau le monstre : « *Cyclope, si quelqu'un des mortels veut savoir le malheur qui t'a privé de l'œil, dis-lui qui t'aveugla : c'est le fils de Laërte, oui ! le pilleur de Troie, l'homme d'Ithaque, Ulysse* ».

Polyphème avait perdu la partie. Il n'avait toutefois pas dit son dernier mot. Il adressa ses prières à son père Poséidon en lui demandant de faire en sorte que je ne rentre jamais chez moi ou, à tout le moins, que je ne retrouve les miens qu'après avoir enduré tous les maux possibles, privé de tous mes compagnons et ne trouvant que le malheur en mon logis. Malheureusement, sa requête fut entendue : le dieu des mers ne me pardonna pas d'avoir mutilé son fils et de m'en être vanté. Les dieux détestent les vantards, c'est bien connu, et je dois reconnaître que j'avais agi en fanfaron. Poséidon me réserva tempêtes, vents contraires et naufrages. Je n'étais pas près de revoir Ithaque !

## L'île d'Éole

Notre fuite loin de Polyphème nous mena en peu de temps à l'île où règne Éole, le dieu des vents. C'est une bien étrange île que celle-là : non seulement elle flotte sur la mer, mais en plus sa côte se présente comme une muraille circulaire de bronze[59]. Éole y vit complètement coupé du monde en festoyant jour après jour avec

[59] L'île d'Éole a été identifiée aux îles Éoliennes, actuelles îles Lipari situées au nord de la Sicile. Les pierres ponces rejetées par le volcan de Stromboli et flottant loin en Méditerranée seraient peut-être à l'origine de la légende d'une île flottante.

sa femme et ses douze enfants. Cette étonnante famille vit en totale autarcie, sans le moindre contact avec le monde extérieur, au point que les fils et les filles d'Éole se marient entre eux. Son accueil fut charmant : il me reçut à sa table, toujours chargée de mets savoureux, et ne cessa durant un mois de me questionner sur la guerre de Troie. Vu son isolement, sa curiosité était insatiable, il voulait savoir ce qui se passe dans le monde, il exigeait tous les détails. Je lui racontai donc l'épopée que vous venez de lire et plus encore. Bon, j'avoue que je n'ai pas conté mes aventures sans interruption durant un mois, j'ai également passé quelques doux moments en la compagnie d'une des filles du dieu, la belle Polyméla, toute réjouie à la perspective de nouer une relation autre qu'endogamique.

Après un mois, je priai Éole de me laisser repartir. Polyméla en fut attristée, mais son frère Diorès la consola en l'épousant. Quant à Éole, il m'offrit un précieux cadeau d'adieu, un présent qui était censé nous ramener en ligne droite jusqu'à Ithaque : une outre renfermant tous les vents qui pourraient nous empêcher de rentrer chez nous. Il me recommanda de ne surtout pas l'ouvrir, puis chargea le doux zéphir de souffler en permanence de façon à nous emmener à bon port. Nous voguâmes ainsi durant neuf jours. Le dixième jour, ô joie, Ithaque se dressait devant nous ! Nous en étions si proches que nous distinguions déjà les silhouettes humaines qui s'affairaient ici et là sur l'île. J'avais tenu la barre durant toute la traversée et, à présent que je croyais pouvoir relâcher la pression, je sombrai dans un profond sommeil. Mal m'en prit : mes matelots avisèrent le sac que m'avait remis Éole. S'imaginant qu'il renfermait or et argent, ils voulurent leur part du trésor et ouvrirent l'outre. Aussitôt, tous les vents s'échappèrent et un véritable ouragan emporta notre flotte au large. Et c'est en pleurant que nous vîmes s'éloigner notre patrie ! Ces vents de malheur nous ramenèrent à notre point de départ, sur l'île d'Éole.

Pour la seconde fois, je me rendis au palais du dieu des vents et lui demandai de réitérer son cadeau car le premier venait d'être stupidement gaspillé par mes hommes. Cependant cette fois-ci, Éole ne me réserva pas du tout le même accueil chaleureux. Que du contraire, il était persuadé que ma mésaventure était le signe que j'étais maudit par les dieux – ce n'était pas faux. Or, les lois sacrées interdisent de fréquenter un individu haï par les dieux. Il m'ordonna de décamper sur le champ en me traitant de « *rebut des êtres* ». L'humeur des vents est sans cesse variable et le caractère du maître des forces éoliennes est lui aussi fluctuant. En attendant, nous étions à nouveau livrés à nous-mêmes sur les flots.

## Au pays des Lestrygons

Notre escale suivante fut aussi brève que catastrophique. Nous abordâmes un port ceint d'une double falaise et protégé par deux caps[60]. J'ordonnai de jeter l'ancre mais de rester sur le qui-vive et prêts à repartir en hâte. J'envoyai trois hommes en reconnaissance. Arrivés aux abords de la ville bâtie à l'intérieur des terres, ils rencontrèrent une jeune fille d'une taille extraordinaire. Et pour cause, nous avions débarqué chez les Lestrygons, un peuple de géants. Mes hommes lui demandèrent quel était ce pays et qui en était le roi. Or, la jeune géante n'était autre que la fille du roi Antiphatès. Elle leur proposa de les mener jusqu'au palais pour les présenter à son père. Et là, tout alla très vite.

Antiphatès ne perdit pas de temps en présentations ou paroles de bienvenue. Il se jeta tout de suite sur l'un de mes messagers et l'avala sans autre forme de procès. À croire qu'il n'avait plus mangé depuis longtemps. Les deux autres éclaireurs prirent leurs jambes à leur cou et parvinrent à nous rejoindre. Cependant, le roi avait donné l'alarme et une foule innombrable de Lestrygons se précipitaient sur nous. Ils harponnaient mes hommes comme des poissons et les emportaient à leur odieux festin. Ils lapidèrent et broyèrent nos vaisseaux comme de vulgaires fétus de paille. J'ai juste eu le temps de sectionner le câble qui amarrait mon navire au port et mes rameurs firent voler l'écume. Décidément, vous avions l'art de nous fourrer dans la gueule des anthropophages !

[60] Le pays des Lestrygons serait la Sardaigne. Les deux caps feraient référence au détroit qui sépare la Sardaigne et la Corse.

Les Lestrygons étaient dotés de deux yeux plutôt qu'un seul, mais à part cela rien ne les distinguait des Cyclopes.

Mon bateau fut sauvé, mais en quelques instants ces horribles Lestrygons ont anéanti le reste de ma flotte et massacré mes gens. J'avais quitté Ithaque en alignant douze vaisseaux – soit 624 hommes puisque chaque navire en compte cinquante-deux – et c'est avec mon seul équipage, réduit à quarante-six hommes depuis que le Cyclope en avait englouti six, que je poursuivis cette odyssée qui commençait à ressembler à une procession funèbre.

## La magicienne Circé

Sans vraiment savoir où nous nous dirigions, contents d'avoir une fois de plus échappé à la mort mais pleurant nos amis, nous arrivâmes sur l'île Aiaié[61] qu'habite la redoutable déesse Circé, fille du Soleil[62]. Comme nous allions l'apprendre à nos dépens, elle a la fâcheuse habitude de métamorphoser tous ceux qui abordent son île en animaux, porcs, lions, loups ou autres bêtes, chacun conformément aux tendances profondes de sa nature. Tel est son plaisir de magicienne experte en drogues, potions et enchantements. Elle aime s'entourer d'animaux de compagnie pour tromper sa solitude insulaire.

Rendu prudent par nos déboires précédents, je jugeai préférable de nous séparer en deux groupes. Euryloque mènerait le premier et moi le second. Restait à décider lequel des deux partirait en éclaireur. Nous eûmes recours au tirage au sort et le destin désigna Euryloque pour aller explorer le pays tandis que je resterais

[61] L'île de Circé correspond sans doute à l'actuel Monte Circeo situé à mi-chemin entre le Latium et le golfe de Naples.

[62] Circé a un frère, Aiétès, le gardien de la toison d'or en Colchide (actuelle Géorgie) où il épousa la magicienne Hécate qui lui donna une fille, Médée, elle aussi experte en magie. Circé est donc la tante de Médée.

au navire. Il partit avec vingt-deux hommes et parvint au palais de Circé lové au fond d'un val. La demeure de la perfide magicienne était entourée de lions et de loups, autant d'humains transformés en bêtes par ses satanées drogues. Ces malheureux n'étaient nullement agressifs car, s'ils revêtaient l'apparence animale, ils n'en avaient pas hérité le caractère et en eux persistait l'esprit humain. C'est donc en animaux domestiques qu'ils accueillirent les nouveaux venus. Une belle voix parvint à mes hommes, Circé chantait en tissant. Ils l'appelèrent, en se demandant s'ils avaient affaire à une femme ou à une déesse. Circé accourut et les invita à entrer. Seul Euryloque flaira le danger et resta en retrait. Les autres suivirent la magicienne qui leur servit un excellent vin auquel elle avait ajouté sa drogue funeste. Les voilà aussitôt transformés en pourceaux, enfermés dans une porcherie et nourris de glands !

Euryloque qui s'était enfui à toutes jambes vint nous raconter ce qu'étaient devenus ses vingt-deux hommes. Il était tellement terrifié qu'il refusa de retourner jusqu'à la demeure de la magicienne. Je le laissai donc au vaisseau avec ma petite troupe et accomplis mon devoir : tenter de sauver mes hommes. En cours de route, Hermès en personne m'apparut. Il avait pris les traits d'un bel éphèbe humain, mais je reconnus le dieu. Ainsi donc, les Olympiens ne m'avaient pas tous abandonné depuis que Poséidon avait juré ma perte. Il est vrai qu'Hermès est mon arrière-grand-père maternel. Il m'apprit comment faire pour ne pas subir le même sort que mes compagnons. Il me confia une herbe de vie, dite *moly*, qui avait la vertu d'annuler les charmes maléfiques de Circé. Lorsqu'elle essaierait de m'ensorceler, je devais, me dit-il, la menacer de mon glaive et lui faire jurer par le Styx – le grand serment des dieux – qu'elle renonçait à me nuire. Après cela, je pourrais sans crainte la suivre jusque dans son lit.

Tout se passa comme Hermès avait prévu. La drogue de Circé resta sans effet sur moi, Circé prêta le serment de ne pas fomenter de mauvais coups et notre discussion se termina au lit. Mieux encore : comme je refusais de m'alimenter tant qu'elle n'aurait pas libéré mes hommes, elle accepta de leur rendre forme humaine en les frottant d'un antidote. Il faut croire que la magicienne était à son tour tombée sous le charme, le mien en l'occurrence, car elle me proposa de m'installer auprès d'elle. Étant donné que l'automne était avancé et qu'il allait devenir dangereux de prendre la mer, j'acceptai sans hésitation. Nous avions bien mérité un peu de repos. De surcroît, la table de notre hôtesse divine était en permanence dressée comme pour un jour de fête. En ce qui me concerne, je n'avais vraiment pas à me plaindre : en plus de la riche table de Circé, je partageais son lit. Une idylle se noua entre nous.

Quand revint le printemps, mes compagnons émirent le souhait de rentrer à Ithaque : même un festin quotidien ne suffit pas à faire oublier la nostalgie du pays et des siens. En les entendant se plaindre, je sentis se réveiller en moi le désir de revoir Pénélope, mon fils et mes terres. Je me demandais comment Circé allait réagir en apprenant que nous désirions quitter son île. En fait, sa réaction fut parfaite : non seulement elle n'émit aucune objection à notre départ, mais en plus elle nous prodigua ses conseils pour la suite de notre périple. Nous devions, disait-elle, nous rendre au pays des morts, dans le sinistre royaume d'Hadès et Perséphone, pour que j'y interroge l'âme du devin Tirésias sur la route à suivre. Il suffisait, précisa-t-elle, de nous laisser porter par Borée, le vent du nord. Bien sûr, mes hommes ne furent pas à la fête en apprenant que notre prochaine destination était l'inframonde. Ils sanglotaient, se lamentaient, s'arrachaient les cheveux, mais bientôt notre vaisseau poussé par Borée cinglait vers le sud. J'eus l'impression en quittant Circé que sa silhouette s'épaississait quelque peu. Son ventre portait le fruit de nos nuits d'amour. J'appris plus tard qu'après mon départ, elle avait mis au monde notre fils Télégonos[63].

63 La tradition posthomérique a multiplié à l'envi leurs enfants, comme si Ulysse était resté plusieurs années auprès de Circé. On prêta à Télégonos une sœur, Cassiphoné, et un frère, Latinos, héros éponyme des Latins.

# Au royaume des ombres

L'accès au monde des morts se situe dans le pays brumeux des Cimmériens, un pays que n'atteignent jamais les rayons du soleil, un peuple sur qui pèse une nuit permanente. C'est là que s'entrouvre la bouche du royaume infernal[64]. Les indications de Circé nous permirent d'atteindre sans difficulté ce lieu sinistre. La déesse m'avait aussi enseigné, jusque dans les moindres détails, les rites complexes que je devais accomplir pour entrer en contact avec l'âme défunte de Tirésias, devin aveugle qui a conservé sa clairvoyance jusque dans l'Hadès.

Il me fallait d'abord traverser le bois sacré de Perséphone et le marais putride qui le jouxte. À l'endroit où confluent les eaux ténébreuses des quatre fleuves infernaux – Achéron, Pyriphlégéton, Styx et Cocyte –, je dus creuser une fosse carrée par où les âmes allaient surgir du monde inférieur. Les rites ancestraux de la nécromancie exigeaient que j'y adresse trois libations à toutes les âmes qui séjournent dans l'Hadès : une première libation de lait miellé, une deuxième de vin et une troisième d'eau. Je dus ensuite saupoudrer la fosse de farine et invoquer les morts en leur faisant l'offrande d'un agneau et d'une brebis au pelage noir, sans oublier

[64] Les Cimmériens vivaient sur les rives du Pont-Euxin (la mer Noire), mais le voyage depuis l'île de Circé (en Italie, sur les côtes de la mer Tyrrhénienne) jusque chez les Cimmériens ne dura qu'un seul jour. Ulysse n'a pas pu parcourir une telle distance en si peu de temps. L'allusion aux Cimmériens s'explique sans doute par le fait qu'ils passaient pour un peuple du nord vivant dans une région plongée dans la nuit. En réalité, en partant du Monte Circeo, naviguer durant une journée en se laissant porter vers le sud par le vent Borée conduit tout au plus jusqu'à la baie de Naples. Or, c'est précisément là que, jusqu'aux premiers siècles de notre ère, les Romains situaient l'entrée du monde des morts, sur les bords du lac Averne par où Énée descendit dans l'Hadès. La description du monde infernal fournie par Virgile surpasse celle d'Homère et annonce celle de Dante. Par ailleurs, on aura remarqué que cette escale à l'entrée du royaume des ombres ramène Ulysse à proximité du pays des Cyclopes.

de promettre de leur offrir ultérieurement d'autres holocaustes, lorsque je serais revenu chez moi, à Ithaque.

Dès que j'eus tranché la gorge des victimes, les âmes accoururent en foule, alléchées par le sang des animaux sacrifiés. Elles se bousculaient pour s'abreuver de ce liquide vital. Circé m'avait prévenu : je devais agiter mon épée et repousser les âmes assoiffées afin qu'elles laissent place à Tirésias avec qui je voulais m'entretenir. C'était un spectacle hallucinant : tous ces morts, pâles fantômes et ombres sans consistance, tournoyaient autour de moi, fébriles et pourtant dépourvus de force, avides de retrouver pour quelques instants un semblant de conscience en absorbant le sang des victimes.

La première âme qui jaillit de la fosse fut celle d'Elpénor, le plus jeune de nos compagnons, mort la veille de la façon la plus stupide. Après avoir trop bu, il s'était endormi sur la terrasse du palais de Circé et, encore ivre à son réveil, il était tombé du toit et s'était rompu les vertèbres. Tout occupés à notre départ, nous avions quitté l'île de Circé sans lui accorder les indispensables funérailles et à présent son ombre me suppliait d'y remédier au plus tôt afin qu'elle pût connaître le repos au royaume d'Hadès. Je lui promis de retourner chez Circé et d'incinérer sa dépouille.

De nombreuses autres âmes voltigeaient autour de la fosse. Je les repoussais de mon épée en attendant que survînt celle de Tirésias. Voilà enfin qu'elle se présentât et me dît : « *Allons ! Écarte-toi de la fosse ! Détourne la pointe de ton glaive ; que je boive le sang et te dise le vrai !* » Rassasiée de sang, l'ombre du prophète me confirma que je n'échapperais pas à la colère de Poséidon qui ne me pardonnait pas d'avoir aveuglé son fils Polyphème. Il m'annonça aussi que nous aurions à faire escale en Sicile où paissent les troupeaux du Soleil, et m'avertit que nous ne devions surtout pas maltraiter ces vaches consacrées au dieu qui voit tout, sans quoi je perdrais jusqu'au dernier de mes hommes et ne parviendrais chez moi qu'après avoir enduré bien des misères. Il me prédit également qu'à peine rentré chez moi je devrais repartir au loin. Il m'annonça enfin que, lorsque je serais devenu vieux, la mer elle-même m'enverrait une douce mort.

Je n'eus pas le temps ni la présence d'esprit de lui demander ce que cela signifiait, car ma mère Anticlée, je veux dire son âme, m'apparut, issue de la fosse. En partant pour Troie, je l'avais laissée pleine de vie et je la retrouvais ici, parmi les ombres défuntes. La pitié envahit mes yeux de larmes. Je la laissai boire un peu de sang et aussitôt elle retrouva sa conscience et me reconnut. Elle m'apprit que ni la vieillesse ni la maladie ne l'avaient conduite au tombeau, mais bien le désespoir de ne pas me voir revenir de la guerre. Je crus comprendre à mi-mots qu'elle s'était suicidée.

Je la pressai de questions : comment allait Pénélope ? S'occupait-elle de notre fils et gérait-elle nos biens ? M'attendait-elle ou avait-elle pris un autre époux ? « Ta femme, répondit-elle, te reste fidèle et se consume en pleurs dans l'espoir de ton retour, tandis que ton fils prend soin de ton apanage. Quant à ton vieux père, il s'est retiré du monde : sans plus descendre en ville, il vit aux champs, parmi ses chèvres car le chagrin ne quitte plus son cœur ».

Tout en l'écoutant, je n'avais qu'un seul désir : « *Serrer entre mes bras l'ombre de feu ma mère… Trois fois, je m'élançai ; tout mon cœur la voulait. Trois fois, entre mes mains, ce ne fut plus qu'une ombre ou qu'un songe envolé* ». Elle m'expliqua que telle est la loi pour les mortels : lorsque l'âme a quitté les ossements confiés au feu du bûcher funèbre, « *l'ombre prend son envol et s'enfuit comme un songe* ». Le sang qu'elle avait bu cessa de faire son effet et la vitalité momentanément retrouvée la quitta. Elle replongea dans la torpeur et se détourna de moi comme si elle ne me voyait plus. Ô mort, que de tristesse ne répands-tu autour de toi !

Les autres ombres se pressaient pour avoir leur part de sang. Je vis ainsi défiler les âmes de mes anciens compagnons d'armes. Je fus surpris de voir apparaître celle d'Agamemnon. Nous nous étions perdus de vue lorsque, quittant Troie, une tempête dispersa nos vaisseaux et emporta ma flotte au pays des Cicones. Il m'apprit que ce n'était pas cette tempête qui avait causé sa perte, mais que, dès son retour à Mycènes, il avait été assassiné par sa femme Clytemnestre. Les dernières paroles qu'il avait entendues avant de rendre l'âme furent les cris épouvantés de Cassandre égorgée à ses côtés par la fourbe Clytemnestre.

L'apparition évanescente de l'âme d'Achille me remplit elle aussi d'effroi car le héros m'annonça que toutes les ombres descendues dans le royaume lugubre d'Hadès et Perséphone sont habitées par la nostalgie de la vie terrestre : « *J'aimerais mieux vivre en bouvier au service d'un pauvre fermier qu'être roi sur ces morts et tout ce peuple éteint* ». Depuis lors, je n'ai cessé de repenser à ces paroles issues de la bouche de celui qui, vivant, avait choisi une existence brève suivie d'une gloire posthume plutôt qu'une longue vie anonyme. L'entendre tenir les propos inverses, une fois découverte la pâle survie dans l'Hadès, invite à méditer. Je parvins quand même à le réconforter quelque peu en lui apprenant que son fils Néoptolème, venu nous rejoindre à la fin de la guerre, s'était montré digne de lui et avait accumulé les hauts faits lors de la chute de la ville.

Pendant qu'Achille suivi de près par Patrocle s'en retournait vers les ténèbres, j'aperçus l'ombre d'Ajax qui se tenait à l'écart. Même mort, le héros gardait sa rancune à mon égard depuis que les armes d'Achille m'avaient été adjugées, plutôt qu'à lui. Souvenez-vous qu'il en était devenu fou furieux et s'était suicidé. Tandis que toutes les autres âmes étaient avides de boire le sang des animaux sacrifiés, celle d'Ajax refusait cette libation qui pouvait lui rendre la conscience et la parole durant quelques instants. Peut-être était-ce là l'expression du dégoût de la vie propre à ceux qui se sont suicidés, plutôt qu'une attitude rancunière à mon égard ?

Il était temps de quitter les morts et de rejoindre la lumière qui baigne le monde des vivants. Silencieux, songeurs et fortement impressionnés par notre séjour au pays des ombres, nous regagnâmes la côte où nous attendait notre navire. Sans tarder, nous mîmes le cap vers l'île de Circé pour y tenir la promesse faite à Elpénor. La flamme du bûcher détruisit son cadavre et nous dressâmes un tertre en son honneur. Circé nous accueillit chaleureusement en nous faisant remarquer qu'habituellement la mort ne saisit qu'une fois les humains mais « *vous, vous la verrez deux fois !* ».

Nous ne sommes pas retournés en vain auprès de la magicienne car elle nous dispensa de précieux conseils sur les épreuves qui nous attendaient auprès des Sirènes au chant mortel, auprès de

Charybde et Scylla, deux écueils qui broient les vaisseaux et qu'à ce jour seuls les Argonautes de Jason ont réussi à franchir.

## Les Sirènes

Comme Circé me l'avait annoncé, nous dûmes passer à proximité de l'île des Sirènes[65]. Ce sont des créatures redoutables dont le corps d'oiseau est doté d'une charmante tête de femme. En tant qu'oiseau, elles chantent merveilleusement et leurs voix ensorcellent tout mortel qui croise dans leur voisinage. Il est impossible de résister à la tentation de se jeter à l'eau pour les rejoindre. Cependant, malheur à celui qui répond à leurs appels car tout navire qui s'approche de leur île se brise immanquablement sur les écueils du rivage. Les Sirènes sont en réalité des puissances maléfiques qui ne songent qu'à provoquer la mort de leurs auditeurs pour les dévorer. Elles appartiennent d'ailleurs à la famille des sinistres Harpyes qui, comme elles, sont des oiseaux ravisseurs. Nul mortel ne peut se vanter d'avoir entendu leurs voix suaves et d'avoir survécu. C'est précisément ce que, moi, je voulais faire.

Suivant les conseils de Circé, j'ordonnai à mes compagnons de me ligoter au mât et de boucher soigneusement leurs oreilles avec de la cire. Je leur interdis également de me libérer avant que l'on ne se fût éloigné de l'île mortifère. Lorsque notre vaisseau se trouva à proximité de l'île, le vent tomba subitement, un calme plat s'établit sur les flots, nous étions presque à l'arrêt. J'eus alors la chance de savourer les mélodies séductrices des Sirènes. Leurs voix enchanteresses étaient irrésistibles. Comme si toute la beauté du monde se concentrait en sons envoûtants. Elles me hélaient, m'appelaient par mon nom, m'invitaient à me joindre à elles, prêtes à s'offrir à

[65] Cette île peuplée de Sirènes était localisée par les Anciens au sud du golfe de Naples, à l'extrémité de la presqu'île de Sorrente où s'élevait un temple qui leur était consacré. Non loin de là se dressent trois rochers qui portaient le nom d'îles Sirénuses.

moi. Ce fut une épreuve non moins redoutable que l'affrontement d'un Cyclope ou d'un Lestrygon, mes sens étaient en ébullition et mon esprit à la torture. J'apostrophai mes hommes, les suppliant de défaire mes liens mais heureusement ils ne pouvaient m'entendre. Comme convenu, deux d'entre eux vinrent plutôt resserrer les cordes qui me retenaient au mât. Nous passâmes à quelques encablures seulement de l'île. Je pus ainsi constater que ses côtes rocheuses, sur lesquelles avaient échoué tant et tant de navires, sont toutes blanchies d'ossements et de déchets humains.

Bien des années plus tard, on m'a appris qu'après mon passage les Sirènes étaient à ce point dépitées de n'avoir pu m'ensorceler qu'elles se suicidèrent[66] en se jetant sur les rochers et écueils habituellement réservés à leurs victimes. Donc je suis non seulement le seul mortel qui ait goûté leurs chants sans périr, mais je fus également le dernier à les approcher. Le corps de l'une d'elles, nommée Parthénopé, fut emporté par les flots et échoua sur la côte italienne à l'endroit qui depuis lors porte son nom, quoiqu'on le nomme également Néapolis[67].

## Entre Charybde et Scylla

Je m'étais à peine remis de mes émotions que déjà nous voyions se profiler devant nous un nouveau danger. Plus exactement, il nous fallait choisir entre deux maux, affronter soit les Planctes, soit Charybde et Scylla. Les premières sont deux Roches mouvantes qui se réunissent violemment et broient tout navire qui passe entre elles. Je ne voyais pas comment franchir cet obstacle redoutable et j'optai donc pour l'autre route qui nous menait entre Charybde et

66 D'après une autre tradition, les Sirènes se sont suicidées de dépit parce qu'Orphée, qui participait à l'expédition des Argonautes, avait chanté mieux qu'elles de sorte que ses compagnons n'avaient pas été tentés de les rejoindre.

67 Néapolis : « la cité nouvelle », c'est-à-dire Naples, dont le nom poétique était Parthénopé.

Scylla, deux monstres qui gîtent sur leurs écueils opposés de part et d'autre d'un détroit[68].

La caverne dans laquelle vit Scylla est située à mi-hauteur d'un rocher qui se dresse jusqu'au ciel et dont la cime est perpétuellement dissimulée par une sombre nuée. Aucun mortel ne saurait escalader ce pic car sa roche est tellement lisse qu'on la croirait polie. L'endroit est sinistre, mais celle qui occupe les lieux l'est davantage encore. Essayez de vous représenter ça : les douze pieds de Scylla sont des moignons, ses six gigantesques cous portent chacun une tête effroyable et ses six gueules s'ouvrent sur trois rangées de dents acérées. Ses yeux inspectent continuellement les environs et rien ne leur échappe. Pour peu qu'un dauphin, un phoque ou n'importe quel autre être vivant passe dans les parages, elle sort de sa caverne, pousse un cri strident, semblable à un aboiement de chienne, et tout en restant enfoncée à mi-corps dans le creux de son antre, elle attrape et avale sa proie. Quand un bateau a le malheur de passer au pied de l'immense écueil, chaque gueule du monstre vient enlever un marin, fût-il caché au fond de la cale.

Quant à Charybde, logée au fond d'un tourbillon, elle engloutit trois fois par jour l'eau de mer et tout ce qui y flotte, puis elle vomit ce qu'elle a engouffré. Quand elle vomit, toute la mer bouillonne et projette son écume haut dans le ciel. La puissance de ce tourbillon au fond duquel se cache Charybde est telle que même Poséidon, s'il le voulait, ne pourrait venir en aide aux matelots emportés dans le gouffre béant.

Circé m'avait conseillé de pousser le gouvernail vers Scylla plutôt que vers Charybde car la première allait sans doute attraper et tuer quelques hommes, tandis que nous serions tous noyés si nous approchions la seconde. Nous nous tenions donc le plus éloignés possible de Charybde, les yeux fixés sur le bouillonnement mortel. C'est alors que Scylla aboya. En un instant, elle plongea ses gueules sur notre navire et enleva six hommes. J'assistai impuissant à leur mort. Emportés dans les airs, ils gesticulaient comme des

[68] Les Grecs situaient ces deux rochers de part et d'autre du détroit de Messine, Charybde sur la côte sicilienne et Scylla sur la côte de la péninsule italienne où un rocher jadis appelé Scyllaeon porte encore aujourd'hui le nom de Scilla.

pantins désarticulés et criaient désespérément mon nom. Ils m'appelaient encore lorsque le monstre revenu sur le seuil de son antre les avala comme de vulgaires mouches. Par chance, si je puis dire, nous n'eûmes que ces six compagnons à pleurer car à vive allure nos braves rameurs nous avaient emmenés loin du danger.

## L'île d'Hélios

Nous arrivâmes bientôt à l'île dite du Trident[69]. Là pâturent les vaches et les brebis d'Hélios, le Soleil[70]. Ce bétail ne connaît ni la naissance ni la mort : les troupeaux d'Hélios sont immortels. Lors de ma descente aux enfers, Tirésias m'avait averti, et Circé me l'a ensuite confirmé : il ne faut surtout pas toucher à ces animaux solaires ! Ils m'avaient même recommandé de passer mon chemin et de ne pas faire escale en ce lieu. Cependant, mon équipage était épuisé, affamé et désirait mettre pied à terre pour la nuit. Après l'épreuve de Charybde et Scylla, il m'était difficile de ne pas lui accorder ce repos mérité. Nous tirâmes donc le navire au sec. Je demandai toutefois à mes hommes de me jurer qu'ils ne toucheraient pas au bétail et se contenteraient des victuailles que nous avait fournies Circé. Tous prêtèrent serment.

Par malchance ou plutôt par malveillance des dieux, le Notos se mit à souffler sans interruption. Les bourrasques de ce terrible vent du sud rendaient toute navigation dangereuse. Nous fûmes donc contraints de nous installer plus durablement que prévu sur l'île. Après un mois, les vivres commencèrent à nous manquer. Mes hommes complétèrent leur quotidien en attrapant des oiseaux ou en pêchant. Jusque-là, tout allait bien. Cependant, le temps semblait long et l'inactivité pesait. Je décidai de gravir la

[69] L'île du Trident est la Sicile.

[70] Les troupeaux consacrés au Soleil n'appartenaient pas qu'au domaine du mythe : il existait ici et là en Grèce de véritables cheptels, propriétés d'Hélios, qu'il était interdit d'abattre.

montagne pour aller prier les dieux dans l'espoir que l'un d'eux me révèle le chemin du retour. Arrivé là-haut, alors que je profitais de ce moment de calme et de solitude, je sombrai dans le sommeil. À vrai dire, je pense plutôt qu'un dieu versa sur mes yeux cet assoupissement afin de me tromper. Pour la seconde fois, le sommeil me jouait des tours : une première fois déjà, mes compagnons avaient profité de mon endormissement pour ouvrir l'outre que m'avait confiée Éole, et cela nous fut fatal. À nouveau, mes hommes restés sur la plage profitèrent de mon absence et de mon sommeil pour violer leur serment.

Euryloque échauffa leur esprit en leur disant : « *Camarades, deux mots ! Toute mort est cruelle aux malheureux humains. Mais périr de famine ! est-il sort plus affreux ? Allons ! nous avons là ces vaches du Soleil, pourchassons les plus belles* ». Ce conseil, pourtant ô combien funeste, fut applaudi[71]. Et voilà que mes compagnons d'infortune se mirent en chasse pour abattre et embrocher les vaches sacrées, les plus belles de surcroît. Le dieu solaire offensé se manifesta par un prodige : les vaches abattues se mirent à marcher comme si elles ressuscitaient et même embrochées elles continuaient à mugir ! Au lieu de prendre conscience du sacrilège qu'ils étaient en train de commettre, mes hommes firent bonne chère et eurent de quoi banqueter durant six jours. Au réveil du septième jour, le Notos tempétueux avait enfin cessé de souffler. Sans perdre de temps, nous reprîmes la mer. Allions-nous enfin trouver la route du retour ? Je craignais le pire, vu l'outrage commis par mon équipage.

De fait, il ne fallut pas longtemps pour déchanter : au Notos succéda un furieux Zéphir. Ce maudit vent, venu de l'est, soufflait tel un ouragan. Une rafale plus agressive que les autres rompit notre mât qui s'abattit sur la poupe et brisa le crâne de notre pilote. Un malheur ne venant jamais seul, la foudre de Zeus frappa notre vaisseau qui chavira. Mes hommes furent projetés à l'eau. Je perdis tous mes compagnons, tous jusqu'au dernier. J'étais effondré : depuis notre départ de Troie, ma priorité avait été de ramener mes hommes dans leur foyer, mais leur sottise et celle d'Euryloque

[71] L'épisode n'est pas sans rappeler celui de Moïse monté au Sinaï où il s'entretint avec Yahvé pendant que son peuple, resté au pied de la montagne, vouait un culte au veau d'or.

en particulier les avait perdus. Ainsi donc, nul ne survivrait à mon odyssée !

Quant à moi, j'eus le temps d'arrimer le mât et la quille pour me confectionner un radeau de fortune. Je repris courage en constatant que le Zéphir se calmait, mais ce n'était qu'illusion car le vent de l'est affaibli permit au vent du nord de reprendre force et vigueur. Le Notos me ramena en ligne droite vers le détroit de Charybde et Scylla ! Je fus ballotté durant toute la nuit et au lever du jour mes craintes se confirmèrent : le courant me ramenait entre les deux monstres. Est-il donc possible d'avoir une telle guigne ?

J'arrivais au cœur du détroit au moment où Charybde se réveillait. Elle se mit à avaler l'onde et mon frêle radeau fut aspiré comme un fétu de paille vers le gouffre. Or, j'avais remarqué à notre premier passage que l'écueil de Charybde portait un grand figuier. Je parvins à m'y accrocher au passage. Cramponné à l'arbre comme une chauve-souris, je dus tenir ma position jusqu'à ce que Charybde se calme. Je fus récompensé pour mes efforts car, au moment du dégorgement, le tourbillon restitua mon radeau. Je pus enfin lâcher la branche qui m'avait sauvé la vie et lui substituer mon esquif de fortune. Je dérivai durant neuf jours. Je croyais que j'allais mourir de faim et de soif lorsque j'aperçus à l'horizon une terre… J'étais parvenu à l'île d'Ogygie, aux confins de l'univers, chez Calypso[72].

## Calypso

J'avais perdu mon navire et mon équipage au complet, j'étais désespéré et je commençais à me dire que jamais je ne regagnerais ma patrie. Je dois toutefois à la vérité de reconnaître qu'après toutes les

[72] L'île de Calypso correspond peut-être à la presqu'île de Ceuta en face de Gibraltar. Ulysse est donc parvenu aux confins du monde connu. Cela dit, l'île en question a été également localisée en Crète, à Malte, à Gibraltar, à Madère et même dans les îles britanniques !

épreuves subies mon séjour chez Calypso me procura réconfort et même plaisir durant les premières semaines. Ne jugez pas, j'étais au bout du rouleau et puis gardez à l'esprit que Calypso est une merveilleuse Nymphe et une hôtesse parfaite. Quiconque l'a vue, ne fût-ce qu'un instant, reste à jamais hanté par sa beauté, sa grâce, sa silhouette de sylphide, son sourire permanent, sa tendresse, sa générosité, sa gentillesse. Durant les sept années – oui, vous avez bien lu : sept années ! – que je passai en sa compagnie sur son île, elle n'a perdu le sourire et la bonne humeur qu'à la toute fin, lorsque je lui ai annoncé que je voulais repartir. Calypso portait bien son nom : cela signifie *Celle qui cache*. Tout à la fois celle qui *cacha* le naufragé que j'étais et celle qui vivait *cachée* sur son île perdue au bout du monde, en une contrée où jamais ne s'aventuraient les humains.

Elle passait ses jours à filer et à tisser en compagnie de ses servantes, des Nymphettes, qui chantaient en chœur tout en travaillant. Elle m'avait accueilli sur son île comme si elle m'attendait depuis toujours. Je fus reçu dans la vaste caverne où elle vivait et dès le premier soir nous sommes devenus amants. Tout autour de son antre se déployait un bois d'aulnes, de peupliers et de cyprès peuplé d'oiseaux. L'entrée de la caverne était recouverte d'une vigne riche en grappes et quatre sources y déversaient leurs eaux qui dévalaient vers les pairies verdoyantes en contrebas. Nos nuits d'amour ne restèrent pas inféconds. Calypso mit au monde deux fils que je nommai Nausithoos et Nausinoos car je ne cessais de penser au « navire », *naus*, dont la tempête m'avait privé.

Calypso était folle amoureuse de moi et me contraignit à rester à ses côtés durant sept ans. Pour me convaincre de ne pas la quitter, elle alla jusqu'à me promettre l'immortalité et la jeunesse éternelle si j'acceptais son offre : rester son compagnon pour les siècles des siècles. Acquérir l'immortalité n'est pas chose aisée, convenez-en. Là, dans les bras de Calypso, la vie exempte de fin m'était offerte pour peu que je renonce à reprendre ma route. Les paroles de l'ombre d'Achille me revenaient en tête : « Il vaut mieux être un misérable bouvier vivant qu'un roi mort ».

Pourtant, je n'ai pas accepté son offre : rester à ses côtés me garantissait certes de devenir immortel, mais cela revenait aussi à m'installer pour l'éternité dans l'oisiveté. En somme, ce qu'elle me demandait, c'était de vivre comme elle, *caché* sur cette île dans une solitude que nous partagerions éternellement. Et puis et surtout je ne pouvais imaginer de ne jamais revoir ma patrie. Plus que jamais je me sentais « *l'homme d'Ithaque* » et de nulle part ailleurs. Chaque fois que je songeais à Pénélope ou à mes terres, il me fallait contenir mes larmes. Aussi puissant et profond fût-il, l'amour de Calypso ne pouvait rivaliser avec ma nostalgie du pays natal. Rester mortel me semblait la seule manière d'avoir encore des projets, d'espérer qu'il m'arrive quelque chose d'imprévu quitte à devoir affronter de nouvelles épreuves. Si l'on supprime la vieillesse et la mort, me disais-je, que reste-t-il comme perspective sinon une existence qui s'étire et sombre dans la lassitude ? Ces pensées me poursuivaient jour après jour. Je m'isolais souvent sur la grève, promenant mon regard sur cette mer qui me séparait des miens et, des heures durant, je pleurais sur mon sort. Le soir venu, je m'en retournais dans la caverne où m'attendait l'amour de Calypso. Mais peu à peu, je cessai de goûter les charmes de la Nymphe. L'immortalité promise me semblait une véritable damnation.

Souvent aussi, je priais Athéna qui autrefois avait été mon alliée sous les remparts de Troie. Depuis que je m'étais attiré la colère de Poséidon en tuant son idiot de fils, les dieux semblaient s'être détournés de moi. Sans doute évitaient-ils de fâcher le puissant dieu de la mer ? Je ne perdais toutefois pas espoir qu'ils se disent un jour ou l'autre que j'avais payé mon sacrilège, que j'avais assez souffert ainsi et qu'il était temps de me laisser rentrer chez moi. Je suppose que c'est ce qui se passa et qu'Athéna entendit mes suppliques. J'imagine qu'elle plaida ma cause lors d'une Assemblée des dieux, qu'elle profita de l'inattention de Poséidon et qu'elle parvint à convaincre Zeus de remettre mon sort sur sa balance du destin. Toujours est-il qu'un beau matin l'attitude de Calypso changea du tout au tout. Elle venait de recevoir la visite d'Hermès, porteur d'un message de Zeus : le roi de l'Olympe n'acceptait pas qu'elle me garde prisonnier sur son île car mon destin était de revoir Ithaque ! Elle me tint ces propos : « *Je ne veux plus qu'ici, pauvre ami, dans les larmes, tu consumes tes jours. Me voici toute prête à te congédier. Prends les outils de bronze, abats de longues poutres, unis-les pour bâtir le plancher d'un radeau ! Moi, quand j'aurai chargé le pain, l'eau, le vin rouge et toutes les douceurs pour t'éviter la faim, et lorsque je t'aurai fourni des vêtements, je te ferai souffler une brise d'arrière, qui te ramènera sain et sauf au pays »*.

Un frisson de bonheur me parcourut l'échine. Je serrai Calypso dans mes bras. Pour la première fois, la Nymphe ne me souriait pas. Évoquant mon désir de revoir Pénélope, elle ajouta cette parole amère : « *Je me flatte pourtant de n'être pas moins belle de taille ni d'allure, et je n'ai jamais vu que de femme à déesse, on pût rivaliser de corps ou de visage* ». Je lui répondis qu'en effet mon épouse mortelle ne pouvait rivaliser avec elle sur qui le temps n'a nulle prise. Je savais, lui dis-je, que j'allais retrouver une femme marquée par les années, mais c'était pourtant là le vœu que je formulais en mon cœur : vieillir à ses côtés et partager avec elle le sort des mortels.

Tout en coupant les vingt arbres dont j'avais besoin pour mon ouvrage et pendant que j'assemblais le mât sur le bordage, la barre à la poupe et toutes les autres pièces nécessaires à mon esquif, je songeais que ce radeau de bois allait mettre fin à mon séjour chez « Celle qui cache », tout comme le cheval de bois avait permis aux Achéens de se cacher pour investir Troie. Ce radeau sera mon cheval, me disais-je. Il me portera sur le dos de la mer et me ramènera chez moi. Tandis que je m'affairais à sa construction, Calypso me préparait les vivres nécessaires. En quatre jours, le radeau fut fin prêt. Le cinquième jour, Calypso me baigna et me revêtit d'habits parfumés, puis me rendit ma liberté. C'est le cœur rempli de joie que j'entendis les voiles claquer au vent. Durant dix-sept jours, je voguai sur les routes du large. Comme me l'avait conseillé Calypso, je veillais à toujours garder l'Ourse à ma gauche, de façon à filer vers l'est. Je restais à la barre jour et nuit sans jamais laisser le sommeil tomber sur mes paupières.

# Nausicaa

Le dix-huitième jour, enfin, j'aperçus une terre. Les monts boisés de Phéacie s'élevaient, tout proches[73]. Je me réjouissais déjà à l'idée de retrouver la sensation d'enfoncer mes pieds dans le sable et de fouler la terre des vaches lorsque subitement le vent se leva. Poséidon venait de réaliser que les dieux avaient profité de son absence pour me permettre de rejoindre la Grèce. En fait, le dieu s'était absenté au pays des Éthiopiens où il aime aller faire la fête de temps à autre. Sa rancœur à mon égard ne l'avait pas quitté et lorsqu'il m'aperçut à quelques encablures des côtes phéaciennes, il saisit son trident et déchaîna les rafales. En un instant, le ciel s'obscurcit et les vents des quatre coins cardinaux rivalisèrent pour faire chavirer mon radeau. Une vague me précipita dans les flots et me fit boire l'âcre écume. Lorsque j'émergeai, je constatai que mon radeau s'était disloqué. Je me mis à regretter de n'être point tombé sous les murs de Troie car au moins j'eusse alors obtenu une tombe tandis qu'à présent ma dépouille allait être livrée aux poissons !

J'allais céder au découragement – mettez-vous un instant à ma place – lorsqu'une mouette vint se poser sur le bord de ce qui restait de mon frêle esquif. L'oiseau marin n'était autre que la Néréide Leucothéa qui me prenait en pitié. Cette « déesse blanche » qui règne sur les embruns est toujours bienveillante pour les marins qui se noient lors des tempêtes. Elle me conseilla de quitter les somptueux habits que m'avait confectionnés Calypso car ils m'alourdissaient et m'emportaient vers le fond. Elle me dit de quitter également mon radeau et de tenter de gagner la Phéacie à la nage. Avant de s'envoler, elle me confia un voile protecteur grâce auquel, m'assura-t-elle, je ne me noierais pas. Avais-je d'autre choix que d'obtempérer ? Je plongeai et me mis à lutter contre le

[73] La Phéacie, également appelée Schérie, correspond sans doute à l'île de Corcyre (Corfou). À l'époque classique, les habitants de Corcyre se vantaient de descendre des Phéaciens. Ulysse parvient donc enfin en Grèce. De là, il ne se trouve plus qu'à une nuit de navigation d'Ithaque.

courant. Combien de temps allais-je tenir avant de couler ? Telle était ma seule et unique préoccupation. Épuisé comme je l'étais, je m'accordais quelques heures avant de sombrer.

Habituellement, les Olympiens évitent d'empiéter sur le domaine des autres dieux, mais Athéna avait désormais décidé d'outrepasser les humeurs de son oncle Poséidon et de me venir en aide. Il était en son pouvoir de barrer la route des vents et elle leur imposa le calme. C'est donc dans une mer apaisée que je nageai durant deux jours entiers. Le troisième jour, je me retrouvais exactement là où m'avait porté mon radeau avant que le courroux de Poséidon ne m'en éloignât. Je m'approchai lentement des côtes à la recherche d'un endroit propice pour poser pied à terre. Or, le rivage phéacien que je découvrais n'offrait que falaises abruptes, roches escarpées et caps plongeant à pic dans la mer : « *Nulle part un endroit où planter mes deux pieds pour éviter la mort !* ». Une première tentative se solda par un échec : le ressac m'arracha au rocher auquel j'avais tenté de m'agripper et j'y laissai la peau de mes mains. Je décidai donc de longer la côte à la nage et je fus bien inspiré car, alors que j'étais à bout de forces, une plage accueillante, traversée par un fleuve, m'apparut. Enfin, la terre ferme ! Je restai longtemps « *étendu, tout près de défaillir sous l'horrible fatigue* ». Je me ressaisis avant la tombée de la nuit car je craignais autant d'être la proie des fauves durant la nuit que saisi par le froid du petit matin. J'entrai dans le bois tout proche et me confectionnai un lit de fortune sous un amas de feuilles pour m'y effondrer quelques heures. Dormir était mon seul désir.

Au petit matin, je fus tiré de mon sommeil par des rires de jouvencelles. Dissimulé dans mes broussailles, je les épiai un long moment avant d'oser sortir de ma cachette. Ces jeunes filles, servantes et maîtresses, venaient au fleuve pour laver le linge, piqueniquer au bord de l'eau et jouer à la balle en attendant que le linge sèche. J'avais honte de me montrer car j'étais nu comme un ver. Je couvris ma virilité par un rameau feuillu et je me décidai à approcher. Mon apparition provoqua une véritable panique parmi toutes ces pucelles. Il est vrai qu'après vingt jours passés en mer, mon air hirsute ne devait pas être très engageant.

Seule une charmante vierge en âge de prendre époux, celle qui menait le jeu de balle, ne s'enfuit pas. Je me jetai à ses genoux et lui adressai des paroles apaisantes qui, pour une fois, n'étaient pas de la ruse. Je lui demandai si elle était déesse ou mortelle. Déesse, elle ne pouvait être qu'Artémis elle-même ; mortelle, elle devait combler de bonheur ses parents, et son futur époux serait à coup sûr le plus heureux des hommes ! Je lui dis aussi qu'autrefois j'avais vu à Délos un palmier sacré qui avait éveillé en moi une telle émotion. C'était l'arbre au pied duquel Léto avait mis au monde son fils Apollon, dieu de la pureté. En le voyant, j'étais resté en extase, et à présent ma fascination n'était pas moindre. Je la suppliai de m'indiquer le chemin qui me mènerait au bourg, non sans m'avoir donné un drap pour me vêtir décemment. Elle se présenta : j'avais devant moi la princesse Nausicaa, fille du roi Alcinoos qui règne sur les Phéaciens. Elle accéda à toutes mes demandes et ordonna en outre à ses servantes de me baigner dans le fleuve pour débarrasser ma peau de l'écume accumulée. Par pudeur, je refusai de me mettre au bain devant des jeunes filles. Lavé, oint et vêtu, j'avais retrouvé ma prestance. Je pense même qu'Athéna, qui – je le sentais – était désormais à mes côtés et prête à me soutenir dans mes dernières épreuves, me fit apparaître plus grand et plus fort que je ne suis. En tout cas, mes cheveux blonds n'avaient jamais été aussi bouclés et je me sentais rayonnant de charme et de beauté. Devinant que j'étais affamé, Nausicaa m'offrit à manger et à boire, puis me conduisit jusqu'aux portes de la ville en prenant la précaution de me devancer quelque peu afin d'éviter que quelque mauvaise langue ne s'étonne de voir la vierge revenir de la campagne en compagnie d'un inconnu.

## À la cour d'Alcinoos

Les Phéaciens sont d'excellents marins[74], mais ils n'ont pas la réputation d'être hospitaliers. Comme de nombreux insulaires, ils vivent dans un isolement total, à l'écart des autres peuples avec lesquels ils ne lient aucune relation. Les étrangers ne sont pas ac-

[74] D'où leurs noms souvent composés de l'élément *naus,* « navire », à commencer par celui de Nausicaa.

cueillis à bras ouverts par ces marins plutôt xénophobes. Je devais craindre, m'avait averti Nausicaa, de croiser quelque fier Phéacien qui m'apostropherait, l'insulte à la bouche. Je me fis donc le plus discret possible et me faufilai dans la foule jusqu'au palais d'Alcinoos. C'était à croire qu'une divinité – qui donc sinon Athéna ? – avait versé sur moi une nuée me rendant invisible, car je parvins sans encombre jusqu'à la salle du trône où toute la noblesse phéacienne tenait séance. La splendeur du palais d'Alcinoos surpassait tout ce que l'on peut imaginer : son seuil, au lieu d'être en pierre, était en bronze, tout comme ses murs qu'ornait une frise d'émail bleu. La salle du trône était éclairée par des torchères d'or et décorée de légers voiles tissés et de tapis de pourpre.

Là, toujours selon les recommandations de Nausicaa, je me jetai aux pieds de la reine Arété. C'est à elle et non au roi que je devais adresser ma supplique car la Phéacie, comme jadis la Crète du roi Minos, accordait aux femmes une place et un rôle bien plus importants que chez nous. En terre achéenne, il eut d'ailleurs été impensable et inconvenant que la reine participât ainsi aux festins en présence des mâles. Me présentant comme un suppliant, j'allai me jeter aux genoux d'Arété puis m'asseoir dans la cendre du foyer. J'exposai ma requête devant un public ébahi : cela faisait des années que j'errais sur les mers, j'avais fait naufrage sur leur île et, plus que tout au monde, je désirais qu'ils m'aident à rentrer chez moi. Un vieux Phéacien fut touché par mes paroles et suggéra à Alcinoos de m'accorder l'hospitalité. Le roi m'accorda tout ce que je voulais : je pouvais rester en Phéacie autant que je le désirais, mais si je préférais partir au plus tôt, il ordonnerait à cinquante-deux rameurs de me ramener dès le lendemain en ma patrie. Un repas me fut apporté et je m'endormis, le sourire aux lèvres, dans le lit que me fit dresser la reine Arété. Somme toute, l'inhospitalité phéacienne est un *a priori* injustifié.

Avant de m'escorter jusqu'en Ithaque, Alcinoos décida d'organiser toute une journée de festivité en mon honneur. Il commença par faire venir son aède attitré, Démodocos, et le chargea de nous conter quelque exploit de héros. Cet homme était aveugle mais inspiré par la Muse. Quelle ne fut pas ma surprise lorsqu'il prit la parole ! Il puisa dans son répertoire le récit d'un événement qui, quoique récent, avait déjà acquis une grande renommée : il se mit à chanter la querelle qui un jour, sous les remparts de Troie, m'avait opposé à Achille. Ainsi donc, j'étais entré dans la légende ! J'étais tellement ému que des larmes gonflaient mes paupières et j'eus toute la peine du monde à dissimuler mes pleurs en voilant mon visage dans une écharpe.

La fête se prolongea par des jeux agonistiques. À la course succédèrent les épreuves de la lutte, du saut, du disque et de la boxe. Je n'avais plus assisté à de telles réjouissances depuis les funérailles de Patrocle, dix ans auparavant. Je vous ai dit que les Phéaciens ne sont pas toujours bien disposés à l'égard des étrangers. Jusque-là, j'avais reçu un accueil irréprochable, mais Laodamas, le fils d'Alcinoos, qui venait de remporter la victoire à la boxe, et Euryale, le vainqueur à la lutte, me cherchèrent noise. Laodamas trouva spirituel de me provoquer en public : « *Maintenant, chers amis, demandons à notre hôte s'il n'est pas quelque sport qu'il connaisse et pratique* ». Il vanta ma musculature, puis passa aux moqueries : « *Non, il n'a rien encore perdu de sa jeunesse ; mais il a tant souffert qu'il en reste brisé ! Il n'est rien, croyez-moi, de pire que la mer pour vous abattre un homme, et le plus vigoureux* ». Je répondis que j'avais davantage le cœur au chagrin qu'aux jeux, mais Euryale poussa les railleries plus loin en tenant des propos carrément méprisants. Non, dit-il, je n'étais pas un athlète, ni même un authentique marin, mais juste un commerçant. C'en était trop. Je lui répliquai que certes les dieux l'avaient doté de beauté, mais que son esprit n'était que du vent et qu'il tenait des propos de rustre. Joignant l'action à la parole, je saisis un disque plus large et plus pesant que tous ceux dont s'étaient servis les Phéaciens et je le lançai avec force. Le disque atterrit bien plus loin que les marques laissées par les lancers précédents. Ayant cloué le bec à ces deux novices arrogants, je me tournai vers la foule et me déclarai prêt à affronter n'importe qui à n'importe quelle épreuve ! Personne ne releva le défi.

En fin de journée, Alcinoos invita tous les nobles de l'île à m'offrir les présents de l'hospitalité. Il insista tout particulièrement auprès d'Euryale qui devait, pour les mots peu aimables qu'il avait tenus, me présenter un don et des excuses. Le jeune homme, plus écervelé que malintentionné, s'exécuta de bonne grâce. Il m'offrit un glaive en bronze et s'excusa : « *S'il te fut adressé quelque mot violent, que le prenne et l'emporte aussitôt la bourrasque ! et que les Immortels t'accordent la faveur de rentrer au pays, de revoir ton épouse, après avoir souffert si longtemps loin des tiens !* »

L'aède Démodocos fut à nouveau sollicité par le roi et cette fois-ci c'est moi qui lui suggérai le thème de son chant : « *Dis-nous l'histoire du cheval de bois, et comment Ulysse introduisit ce piège dans la ville, avec son chargement de pilleurs d'Ilion !* » Je coupai une bonne part de la viande qu'Alcinoos m'avait offerte et je la donnai à l'aède. Celui-ci raconta alors l'aventure des guerriers cachés dans le cheval. Il chanta la ville ravagée et précisa même comment j'avais accompagné Ménélas jusqu'à la chambre d'Hélène. Pas plus que lors de son premier chant, je ne pus retenir mes larmes. Alcinoos qui siégeait à mes côtés remarqua mes joues inondées de pleurs. Je l'intriguais de plus en plus. J'étais en effet un hôte bien mystérieux. Il devenait temps de jouer cartes sur table, je me présentai : « *C'est moi qui suis Ulysse, oui, le fils de Laërte, de qui le monde entier chante toutes les ruses et porte aux nues la gloire* ». Tout comme Éole autrefois m'avait prié de lui conter en détail la guerre de Troie, Alcinoos insista pour que je lui fasse le récit de mes aventures et mésaventures. Je racontai donc mes errances depuis que j'avais quitté Troie en tentant de regagner Ithaque. Mon récit se prolongea tard dans la nuit car je n'omis rien : les Cicones, les Lotophages, le Cyclope, l'île d'Éole, les Lestrygons, Circé, la descente aux enfers, les Sirènes, Charybde et Scylla, l'île du Soleil, Calypso et enfin mon arrivée en Phéacie et la rencontre de Nausicaa.

Les nobles Phéaciens m'avaient écouté dans un silence religieux et lorsque j'eus fini de parler, ils gardèrent ce même silence durant un long moment. Ils étaient sous le charme de mon récit car, comme ils le reconnurent eux-mêmes, je raconte « *avec autant d'art qu'un aède* ». Il est vrai aussi que mon histoire est peu banale. Alcinoos était à ce point impressionné qu'il me fit comprendre qu'il me donnerait à marier sa fille Nausicaa si j'acceptais de rester en Phéacie. Je refusai car mon destin ne m'appelait pas plus à épouser la belle et tendre Nausicaa qu'à gagner l'immortalité dans les bras de Calypso. Je refusai car Pénélope m'attendait et me manquait cruellement.

## L'arrivée à Ithaque

Je dus patienter un troisième jour au palais d'Alcinoos qui voulut immoler un bœuf et sollicita à nouveau l'aède Démodocos. Ce délai me sembla interminable. Le départ avait été fixé à la tombée de la nuit et je guettais avec impatience le déclin du soleil. Le roi avait fait porter dans le bateau tous les présents que m'offraient les généreux Phéaciens : étoffes, trépied, chaudron, bronze et or. Au moins n'allais-je pas rentrer à Ithaque les mains vides ! Je n'oubliais pas que j'étais censé revenir de Troie les cales remplies d'un riche butin. Or, je revenais dépourvu de tout. J'avais perdu jusqu'à mon dernier bateau et tout mon équipage. Vous parlez d'un retour héroïque ! Les dons d'hospitalité des Phéaciens étaient donc plus que bienvenus.

Il ne me restait plus qu'à saluer mes hôtes et à embarquer ou, plus exactement, à me coucher dans le lit qui était dressé pour moi à la poupe du navire. Les bateaux phéaciens sont proprement magiques : ils n'ont nullement besoin de pilote ni de gouvernail car ils devinent tout seuls les pensées et les desseins des hommes. Ils fendent les flots à toute vitesse en pilotage automatique.

Les cinquante-deux rameurs s'activèrent durant la nuit et choisirent la baie de Phorcys, protégée des vents par deux falaises, pour me débarquer sans même me réveiller. À mon réveil, ils s'en étaient déjà retournés vers la Phéacie et je me retrouvai seul sur la plage, au pied d'un olivier et entouré de leurs nombreux cadeaux d'hospitalité. Je me suis laissé dire que Poséidon, furieux d'avoir été berné par les Phéaciens, disloqua leur vaisseau sur la route du retour. Le navire qui m'avait ramené chez moi fut littéralement pétrifié, transformé en rocher. Les malheureux payaient ainsi le service qu'ils m'avaient rendu contre la volonté du dieu de la mer.

Pendant ce temps-là, moi, je me réveillais sur ma terre natale, après vingt ans d'absence, dix passés sous les murs de Troie et dix autres à errer sur la mer, dans l'espoir toujours différé du retour. Cependant, Athéna enveloppa l'île d'une brume de sorte que je ne reconnus rien de ces lieux qui m'étaient pourtant familiers. Je gémissais sur mon sort : « Où donc ces Phéaciens m'ont-ils conduit ? Et que vais-je faire de ce trésor, aussi encombrant que précieux, qu'ils m'ont laissé ? Le comble serait qu'on me le vole ! » Je vis alors approcher un gamin et je lui demandai auprès de quel peuple j'avais accosté. En réalité, ce jeune pâtre n'était autre que Pallas Athéna qui me suivait de près depuis mon naufrage en Phéacie. Le pastoureau m'apprit que je me trouvais à Ithaque. Oui, à Ithaque ! Imaginez ma joie ! Mais, prudence et ruse étant ma devise, et préférant ne pas être reconnu d'emblée, je lui racontai des bobards, affirmant que je venais de Crète et autres mensonges du genre. À ces mots, la déesse reprit ses traits de femme en souriant. Il me semble que ce qu'elle me dit alors résume bien ma personnalité, et c'est pourquoi je reproduis ses propos sans rien en modifier : « *Quel fourbe, quel larron, fût-il un dieu, pourrait te surpasser en ruses de tout genre ! Pauvre éternel brodeur ! N'avoir faim que de ruses ! Tu rentres au pays et ne penses encore qu'aux contes de brigands, aux mensonges chers à ton cœur depuis l'enfance. Trêve de ces histoires ! Nous sommes deux au jeu : si, de tous les mortels, je te sais le plus fort en calculs et discours, c'est l'esprit et les tours de Pallas Athéna que vantent les dieux…* » La déesse, fille de Métis, la Ruse elle-même, reconnaissait ainsi notre commune aptitude à ruser, ce qui n'était pas peu flatteur.

Je m'excusai de ne pas l'avoir reconnue plus tôt, mais quoi ! elle ne cesse de se métamorphoser lorsqu'elle se manifeste sur terre. Je lui rappelai qu'elle avait été sans cesse à mes côtés lors de la guerre de Troie, c'est-à-dire durant la première décennie de mon absence loin d'Ithaque, mais que je ne l'avais plus vue durant la seconde décennie. Elle me répondit qu'elle n'avait pas voulu agir à l'encontre de Poséidon mais qu'elle n'avait pas douté un instant que je retrouverais mon foyer après mes tribulations sur mer. Poséidon lui-même, dit-elle, savait parfaitement que mon destin était de rentrer chez moi, mais il voulait préalablement multiplier les obstacles sur ma route. Là-dessus, elle dissipa la brume qui m'empêchait de reconnaître mon île et je découvris où j'étais : dans la baie de Phorcys, au pied du mont Nériton[75], juste devant la grotte des Nymphes où

[75] Voir les notes 6 et 7.

j'avais jadis l'habitude de venir déposer des offrandes. Tombant à genoux, je baisai la glèbe nourricière si longtemps désirée.

Athéna me suggéra de cacher mes richesses au fond de la grotte. Je pourrais les récupérer en temps utiles. Pour le moment, me dit-elle, une tâche importante m'attendait : « *Songe à tourner tes coups sur ces gens éhontés, qu'on voit depuis trois ans usurper ton manoir et vouloir prendre ta femme. Elle, c'est ton retour que son âme attristée attend de jour en jour* ». Je pris conscience que, si je n'y prenais garde, mon retour à Ithaque pourrait s'avérer aussi tragique que celui d'Agamemnon à Mycènes : tout le monde ne m'attendait pas avec impatience. Cela dit, l'essentiel était sauf, Pénélope se désespérait de me revoir. Athéna cherchait sans doute à attiser mon désir de vengeance car elle ajouta : « *Ces seigneurs prétendants qui dévorent tes vivres, ah ! je les vois déjà, de leur sang et cervelle, arroser tout le sol !* »

Et comme si cela ne suffisait pas, j'appris par la même occasion qu'ils s'apprêtaient à tendre un piège à mon fils afin de se débarrasser de mon héritier et successeur qui s'était rendu chez Nestor à Pylos et de là chez Ménélas à Sparte dans l'espoir d'apprendre si j'étais encore en vie dans quelque coin de la terre. Télémaque était à présent sur la route du retour et les prétendants ourdissaient un guet-apens. Apprendre que mon fils se préoccupait ainsi de mon sort me réchauffait le cœur. Ce n'était plus un enfant, il avait à présent l'âge de défendre ma cause comme Oreste le fit pour son père Agamemnon. Malgré cela, le piège que voulaient lui tendre les prétendants ne cessait de m'inquiéter. La déesse me rassura en me promettant qu'elle prenait Télémaque sous sa protection et que rien de fâcheux ne lui arriverait.

## Mon porcher et mon fils

Quant à moi, me conseilla-t-elle, je ne devais pas me rendre tout de suite à mon palais, mais aller d'abord trouver mon vieux porcher Eumée qui m'était resté fidèle. Je le trouverais là où il avait passé presque toute sa vie, auprès de ses porcs, non loin de la Pierre au Corbeau qui se dresse à côté de la source Aréthuse[76]. Athéna me toucha alors de sa baguette et me transforma en un pitoyable vieillard. Ma peau se flétrit, je perdis mes cheveux blonds et la belle tunique que m'avaient offerte les Phéaciens ne fut plus que haillons loqueteux. C'est dans l'anonymat d'un haillon de mendiant que je m'apprêtais à récupérer mon royaume et le premier sujet avec lequel je devais renouer contact allait être un modeste porcher.

Je suivis le conseil de la déesse et me rendis chez Eumée. Le brave homme ne reconnut évidemment pas son maître en ce mendiant de passage. Il gardait encore et toujours mon troupeau de porcs qui ne comptait pas moins de 600 truies, mais dont le nombre de mâles était réduit à quelque 360 bêtes. Le cheptel était décimé car chaque jour Eumée devait livrer un cochon bien gras à la table des prétendants. Ceux-ci en exigeaient autant du chevrier, ce traître de Mélantheus qui leur obéissait servilement, et du brave bouvier Philoitios qui, comme Eumée, n'exécutait leurs ordres qu'à regret. De même, les amphores de ma cave à vin se vidaient les unes après les autres. Mon fidèle porcher me raconta cela la larme à l'œil et se lamenta en imaginant que son maître Ulysse mourait peut-être de faim quelque part pendant que ces bandits festoyaient quotidiennement sur son compte.

Respectueux de la coutume sacrée selon laquelle les étrangers et les mendiants sont des hôtes envoyés par Zeus lui-même, Eumée me fit entrer dans sa modeste cabane pourvue d'une seule fenêtre, et m'offrit le gîte et le couvert. Tout en me parlant de la triste situation dans laquelle se trouvait l'île depuis le départ d'Ulysse pour Troie, il embrocha deux gorets en mon honneur. Il me brisa le cœur en me parlant de mon vieux père. Il me confirma ce que j'avais appris lors de mon passage au royaume d'Hadès : « *Laërte est au désespoir de vivre en ce manoir d'où son fils est absent, où sa femme mourut, l'amie de sa jeunesse ! C'est surtout le regret de cette sage épouse qui le mine et, de lui, fait un vieux avant l'âge ! … Elle est*

[76] Eumée n'a pas toujours été esclave : il est né fils de roi mais a été kidnappé par des pirates phéniciens qui l'ont vendu comme esclave à Laërte. Quant à la source Aréthuse, elle doit sans doute être identifiée avec l'actuelle source Parapigadi à laquelle les habitants du lieu viennent s'abreuver encore de nos jours.

*morte du deuil de son fils valeureux* ». Ah, disait-il, si Hélène avait pu disparaître avant de provoquer cette satanée guerre de Troie, Ithaque n'aurait pas perdu son roi !

Je me gardai bien de révéler mon identité lorsqu'Eumée me demanda qui j'étais et d'où je venais. Je lui débitai une histoire cousue de toutes pièces, m'inventant une origine crétoise et autres calembredaines comme je l'avais fait en me présentant à Athéna. Je poussai mes balivernes jusqu'à affirmer que j'avais entendu parler d'Ulysse le jour où j'avais fait naufrage chez les Thesprotes qui habitent l'Épire. De retour de Troie, le héros était passé par là et s'était rendu au sanctuaire de Dodone pour y consulter Zeus et apprendre par quel moyen rentrer chez lui, à Ithaque. Je prenais plaisir à me faire passer pour autre et plus encore à inventer l'histoire de cet Ulysse que le brave Eumée avait devant lui sans le savoir.

Le lendemain matin, Télémaque arriva de bonne heure. Athéna avait tenu sa promesse : il n'était pas tombé dans le piège tendu par les prétendants. Évitant de plonger dans la gueule du loup, il ne rentra pas au palais mais vint trouver refuge chez Eumée, le temps de réfléchir à un moyen de se dépêtrer de sa piteuse situation. C'est ainsi qu'en franchissant la porte, il se trouva face à face avec son père parti depuis vingt ans. Pas plus qu'Eumée, il ne pouvait me reconnaître. Mon cœur battait la chamade lorsque je me levai pour lui laisser place sur la banquette couverte de peaux de chèvres et qu'il m'arrêta d'un geste de la main en disant : « *Reste assis, étranger ! Nous trouverons ailleurs un siège* ». Je rapporte ce détail car jamais je n'aurais cru que nos retrouvailles se résumeraient à un échange de banale politesse ! Télémaque eut la bonne idée d'envoyer Eumée au palais pour qu'il rassure Pénélope en lui apprenant que son fils avait échappé à l'embuscade des prétendants.

À peine le porcher eut-il quitté la cabane qu'Athéna m'apparut. Elle attendait ce moment pour intervenir, tout en restant invisible aux yeux de Télémaque. Elle m'incita à révéler mon identité car il me fallait à présent songer à affronter les prétendants, et l'aide de mon fils ne serait pas de trop. Me touchant de sa baguette d'or, elle me rendit ma belle allure et ma jeunesse. Mais même sous ma véritable apparence, Télémaque ne pouvait me reconnaître puisqu'il était encore tout bébé lorsque la guerre m'obligea à quitter mon foyer.

Voyant la métamorphose qui venait de s'opérer sur ma personne, il crut avoir affaire à un dieu. Non, lui dis-je, « *Je ne suis pas un dieu, crois-moi : je suis ton père* ». De mes joues tombaient les larmes que j'avais jusque-là contenues. Et bientôt Télémaque joignit ses pleurs aux miens. « *Il nous prit à tous deux un besoin de sanglots* ».

L'émotion passée, j'élaborai un plan pour le lendemain. Il nous fallait agir avec prudence car les prétendants étaient une bonne trentaine[77], alors que nous n'étions que deux. Deux contre trente ou quarante, l'entreprise pouvait sembler irréalisable, mais rien n'est impossible à celui qui compte Athéna pour alliée. Voilà comment nous allions procéder : Télémaque retournerait au palais et je le suivrais de peu, guidé par Eumée. J'aurais bien sûr repris les traits d'un pauvre hère et c'est en vieillard loqueteux que je me présenterais aux prétendants. Aussi fidèle et dévoué à notre cause fut-il, même Eumée devait ignorer jusqu'à la dernière minute qui j'étais. Je comptais sur mon anonymat pour éprouver la fidélité de chacun des membres de ma maisonnée.

## Railleries et affronts

De la porcherie au palais, situé à l'exact opposé de l'île, il fallait une bonne demi-journée de marche. À l'approche du bourg, nous avons croisé Mélantheus, le gardien des chèvres. Comme Eumée, il devait se rendre chaque jour à mon palais pour y livrer ses bêtes les plus grasses. Mais contrairement à mon porcher, ce chevrier était un gredin. En nous apercevant, le scélérat n'eut qu'insultes à notre égard. Il apostropha Eumée de la sorte : « *Voilà le roi des gueux qui mène un autre gueux ! Comme on voit que les dieux assortissent les paires ! ... Misérable porcher, où mènes-tu ce goinfre ?* » Comme il

[77] Les mythographes affirment qu'ils étaient 108. De ceux-ci, cinquante-deux venaient de Doulichion (actuelle Leucade), Samé (actuelle Céphalonie) ou Zakynthos, c'est-à-dire de l'archipel sur lequel régnait Ulysse ; les cinquante-six autres étaient originaires d'Ithaque même.

passait à côté de moi, il me donna un coup de pied. Il s'en fallut de peu que je tombe. Pendant une seconde, j'ai été tenté de l'envoyer au sol, mais je ravalai ma colère. L'heure n'était pas encore venue de passer à l'action. Nous avons donc poursuivi notre route. La canaille ne perdait rien pour attendre.

Vous n'imaginez pas quelle joie ce fut de revoir l'enceinte et le lourd portail de ma demeure ! En pénétrant dans la cour, ô surprise, j'aperçus mon chien Argos que, vingt ans plus tôt, j'avais laissé tout jeune. Il était couché sur un tas de fumier et couvert de poux. En mon absence, mes serviteurs l'avaient négligé. Argos leva la tête et remua la queue : il m'avait reconnu. Cependant, il n'eut pas la force de se dresser sur ses pattes et de s'approcher. Lui adresser une caresse aurait mis en péril mon incognito. Je détournai donc la tête en essuyant un pleur. Sans remarquer mon émotion, Eumée franchit les portes du palais. Je ne pus m'empêcher de jeter un rapide et discret coup d'œil vers le chien, histoire de lui signifier que je m'occuperais de lui dès que possible. Cependant, « *les ombres de la mort avaient recouvert ses yeux* ». La malheureuse bête n'avait pas supporté la joie de me revoir.

Pendant que, dans le *mégaron*, Eumée allait s'asseoir sur un petit tabouret face à Télémaque, je restais prudemment sur le seuil. Télémaque, qui bien sûr feignait ne pas me connaître, me fit dire par notre porcher qu'il m'invitait à quémander ma pitance de table en table. Je m'en allai donc tendre la main auprès de chaque convive. Les prétendants me donnaient dédaigneusement quelque nourriture. Arrivé devant Antinoos, le meneur de la bande, au lieu de recevoir ma part de repas, je récoltai des moqueries. Ce fat personnage poussa l'impudence jusqu'à m'envoyer en pleine figure un tabouret. Je ne dis mot, « *roulant la vengeance au gouffre de mon cœur* ».

Que d'avanies ne dus-je subir ! Après Antinoos, le mendiant Iros me chercha querelle. Ce gueux était une véritable teigne. Il était connu dans tout Ithaque où il demandait l'aumône à chaque maisonnée. Ne voyant en moi qu'un rival qui risquait de lui ravir sa pitance, il voulut me chasser, m'insulta et menaça de me faire cracher toutes mes dents à terre. Cette dispute entre deux mendiants amusa Antinoos qui suggéra que nous nous affrontions en bonne et due forme. Le vainqueur de la lutte serait nourri, tandis que le vaincu serait expulsé. Du coup, tous les prétendants se levèrent pour faire cercle autour de nous, comme on le ferait autour d'un combat de coqs. Je décidai de régler rapidement le compte de cet idiot d'Iros car un autre combat, bien plus sérieux, m'attendait. Pour ne pas me trahir aux yeux des spectateurs, je décidai de frapper doucement mon adversaire plutôt que de l'étendre mort en un seul coup. Un coup de poing suffit à lui faire craquer les os de la mâchoire et il s'effondra dans la poussière. Sous les rires des prétendants, je le traînai par les pieds jusque dans la cour.

Je ne fus pas quitte pour autant des railleries et autres méchancetés. La servante Mélantho, sœur de ce Mélantheus qui m'avait querellé sur la route, et aussi acrimonieuse que lui, me traita avec une rare insolence. Cette soubrette n'avait aucune pitié pour Pénélope qui pourtant l'avait toujours traitée comme sa propre fille. Elle avait lié une relation secrète avec le prétendant Eurymaque qui, en entendant cette catin se moquer de moi, crut spirituel de comparer mon crâne chauve et luisant à un flambeau. Tout cela provoquait les rires de l'assemblée. Mais cela me permettait aussi de voir qui surtout méritait un juste châtiment. L'heure de la vengeance approchait. Je ne perdais pas mon temps : entre deux quolibets, je demandai discrètement à Télémaque d'ôter du mur du *mégaron* les armes que j'y avais laissées le jour où je partis pour Troie. Casques, lances et boucliers furent emportés. Je ne voulais laisser aucune chance aux prétendants.

## Discussion avec Pénélope

Pénélope entra en colère lorsqu'elle apprit que le vieux mendiant qui avait demandé l'hospitalité était mal traité par les prétendants et même par l'une ou l'autre servante de la maison. Elle fit savoir qu'elle désirait le rencontrer dès que les bambocheurs se seraient retirés pour la nuit. J'attendais évidemment ce moment avec la plus grande impatience, pour ne pas dire avec fébrilité. Elle descendit de sa chambre et m'apparut aussi belle que dans mes souvenirs, telle une déesse incarnée. Certes, le temps s'était inscrit sur son visage et avait buriné sur ses traits la gravité de la peine et de la solitude, mais le fond de tristesse de son regard lui conférait une prestance que je ne lui connaissais pas. Quelques timides rides apparues au coin des yeux rappelaient qu'elle était mortelle, c'est-à-dire humaine faite de chair et de sang. Elle avait conservé la silhouette de jeune femme qui avait tant occupé mes esprits durant mes errances. Je faillis m'élancer vers elle pour la prendre dans mes bras, mais je me ressaisis à temps : les retrouvailles viendraient après l'élimination de ses nombreux courtisans. Je craignais qu'elle ne me reconnût malgré ma transformation en gueux, mais il n'en fut rien. Elle me regardait avec bonté comme elle aurait regardé n'importe quel suppliant venu frapper à sa porte. Cela me rendit songeur : Argos, lui, m'avait reconnu au premier coup d'œil. La métamorphose opérée par Athéna était restée sans effet sur mon chien ; l'œil animal serait-il plus clairvoyant ? En tout cas, l'humain a besoin de preuves, d'indices sur lesquels il peut bâtir son raisonnement, alors qu'il suffit au chien de flairer son maître pour l'identifier de loin. Ce que nous avons gagné en intelligence, nous l'avons perdu en instinct.

Pénélope me sortit de ma réflexion en me demandant qui j'étais et d'où je venais. Pour la troisième fois depuis mon arrivée à Ithaque, je me fis passer pour un Crétois, petit-fils de Minos, et je brodai toute une histoire. Je lui affirmai que lors de son départ pour Troie, Ulysse avait été poussé par les vents jusqu'en Crète où il avait été mon hôte durant douze jours. Quoiqu'émue jusqu'aux larmes par mes mensonges, Pénélope gardait la tête froide. Elle voulut s'assurer que je disais vrai : « *Si ton récit est vrai, dis-moi, quels vêtements avait-il sur le corps* ? » Je fis semblant de fouiller dans ma mémoire car cela faisait vingt ans que j'étais censé avoir reçu Ulysse sous mon toit. En réalité, je me souvenais très bien de la façon dont j'étais vêtu lors de mon départ pour la guerre : je portais un manteau teinté en pourpre et fermé par une agrafe en or représentant un chien qui tenait entre ses pattes un faon. Pénélope interrompit ma description, la gorge nouée. Ces habits, cette agrafe, c'était elle qui me les avait donnés car, dit-elle, « *je voulais qu'il fût beau* ». Le regard perdu dans le vide, elle soupira : « *Le seul regret d'Ulysse me fait fondre le cœur* ». J'ai l'habitude de mentir et de mener en bateau – je suppose que vous l'avez remarqué – et j'avoue qu'habituellement cela m'amuse, mais ici je n'avais qu'une seule envie : laisser les fariboles de côté et embrasser ma femme. Je tempérai son émotion et mes menteries en lui annonçant que son mari allait bientôt rentrer. Je l'avais appris il y a peu au pays des Thesprotes où Ulysse s'était rendu afin d'aller consulter l'oracle de Zeus à Dodone.

Pénélope m'affirma qu'elle serait la plus heureuse des femmes si mes paroles devaient s'accomplir, mais précisa qu'elle n'y croyait plus. Elle avait déjà attendu si longtemps ! Elle rappela le conseil que lui avait donné son mari le jour de son départ, paroles dont je me souvenais parfaitement. Lorsque Pénélope les prononça, je m'entendis les dire vingt ans plus tôt : « *Le ciel me fera-t-il revenir en Ithaque ? Dois-je périr en Troade ? Qui sait ? Tu resteras ici et prendras soin de tout. Quand tu verras de la barbe à ton fils, épouse qui te plaît* ». Elle m'expliqua – ce que je savais déjà – que les prétendants étaient persuadés que j'étais mort quelque part en mer et qu'il était temps qu'elle épouse l'un d'entre eux. Elle poursuivit en me racontant par quelle ruse elle était parvenue durant trois ans à retarder l'échéance d'une union odieuse avec l'un des prétendants. L'épouse de l'homme aux mille tours n'était pas dépourvue de ressources ! Elle tissait une immense toile qui servirait de linceul à son beau-père Laërte le jour où le vieil homme viendrait à mourir, et promettait d'accepter le mariage une fois que l'ouvrage serait terminé. Cependant, tissant le jour, elle défaisait la toile durant la nuit, à la lueur d'une torche. Elle dupa ainsi tout le monde durant trois ans. Toute mon histoire le prouve : l'intelligence l'emporte toujours. Le stratagème fonctionna jusqu'à ce qu'une de ses servantes – je supposai qu'il s'agissait de la fielleuse Mélantho – la trahit et les prétendants la surprirent en train d'effiler son linon. La ruse éventée, elle allait devoir céder à la requête de plus en plus insistante des prétendants. Ce récit me la rendit encore plus précieuse. Ah, j'étais tellement fier d'elle !

Soucieuse d'accomplir à la perfection le devoir d'hospitalité, elle ordonna à ses servantes de m'apprêter un lit et de me laver les pieds. Or, souvenez-vous, je portais au pied droit la cicatrice que m'avait laissée un sanglier lors d'une chasse que j'avais faite au Parnasse en compagnie de mon grand-père Autolycos. Il revint à ma vieille nourrice Euryclée de me donner le bain de pieds. Elle m'avait lavé tant et tant de fois quand j'étais enfant ! En palpant la blessure, elle la reconnut immédiatement. Elle faillit défaillir, la brave : « *C'est donc toi, Ulysse ! C'est toi, mon cher enfant !* », s'exclama-t-elle. Elle s'apprêtait à appeler Pénélope pour lui apprendre la bonne nouvelle. J'eus juste le temps de mettre ma main sur sa bouche pour lui signifier de se taire car son indiscrétion risquait de me perdre. « Encore un peu de patience », dis-je à la vieille.

## Le massacre des prétendants

Cette nuit-là, je me tournai et me retournai sur ma couche sans trouver le sommeil : comment donc allais-je procéder pour affronter tant de valeureux seigneurs ? Pénélope, sans le savoir, m'apporta la solution. Elle déclara au matin qu'elle épouserait celui des prétendants qui égalerait Ulysse dans le maniement de son arc. Nul ne parvenait à brandir la pique d'Achille ; de même bander mon arc exigeait une force hors du commun et personne hormis moi n'en était capable. C'était une nouvelle ruse de Pénélope car elle savait pertinemment qu'aucun des prétendants n'y parviendrait. À moins qu'Athéna ne lui ait mis cette idée en tête ? Je vous ai déjà parlé de cet arc que j'avais reçu d'Iphitos[78]. L'arme fabriquée à partir de corne de mouflon était d'une robustesse extraordinaire et très difficile à manier. C'était un don d'Apollon lui-même. Or, la journée qui commençait était jour de fête consacrée au dieu archer. Ce n'était donc pas un hasard si Pénélope avait choisi ce moment pour organiser un concours de tir à l'arc. En fait de tir, il s'agissait d'un jeu auquel je m'exerçais de temps à autre avant la guerre. Estimant que viser une cible était trop facile et banal, j'avais ima-

[78] Voir page 12.

giné l'épreuve suivante. Je fichais en terre douze fers de hache en une file bien droite. Les haches devaient être démanchées de façon à ce que le trou destiné au manche restât libre. Il fallait alors, en un tir aussi puissant que précis, envoyer la flèche à travers les douze fers de hache alignés. Télémaque prépara le jeu en disposant les haches dans la cour. Ces préparatifs se déroulaient dans une atmosphère tendue car les prétendants ne cessaient de m'invectiver et tramaient toujours la mort de mon fils héritier.

Télémaque revendiqua le droit de tirer le premier : s'il réussissait son coup, sa mère serait libre de rester au palais sans épouser quiconque. Trois fois, il essaya de bander l'arc recourbé, trois fois il échoua, quoique de peu. Puis les prétendants tentèrent chacun leur chance, sans plus de succès. Pendant qu'ils s'affairaient et se couvraient de honte, je m'éclipsai un moment auprès de mon porcher et de mon bouvier qui entretemps étaient venus apporter leur lot quotidien de bêtes à rôtir. Je leur révélai mon identité en leur montrant ma cicatrice et sollicitai leur complicité pour la suite des événements. Ils seraient récompensés pour leur aide : « Je vous donnerai à chacun, leur dis-je, une femme, des biens et une maison construite près de la mienne. » Ils acceptèrent sans hésiter. Dès lors, je chargeai l'un de m'apporter l'arc à la fin du tournoi et l'autre de fermer le portail de la cour afin que personne ne pût prendre la fuite. Je retournai ensuite auprès des joueurs et demandai de pouvoir moi aussi mesurer ma force. Antinoos m'envoya vertement paître, mais Pénélope, qui suivait la scène à l'étage depuis le lanterneau, intervint en ma faveur : « *Je crois,* dit-elle, *qu'il n'est ni beau ni juste que l'on manque d'égards à l'hôte, qui qu'il soit, que mon fils a chez lui* ». Elle ajouta qu'un pauvre bougre comme moi ne pourrait de toute façon pas l'avoir, elle, pour compagne. Si par invraisemblable hypothèse je réussissais là où tous avaient échoué, elle s'engageait tout au plus à me fournir des habits neufs et à me faire conduire là où je le désirerais. Je souriais intérieurement. Télémaque coupa court au discours de sa mère en la sermonnant : le tir à l'arc était une affaire d'hommes et sa place était au gynécée où l'attendait sa quenouille !

Eumée m'apporta l'arc et le carquois comme je le lui avais demandé. Les prétendants le huaient tellement qu'il faillit renoncer, mais Télémaque l'exhorta fermement et l'arme termina entre mes mains. J'avais l'impression de retrouver un vieil ami. Au moment précis où je tendis la corde, un coup de foudre retentit : Zeus m'encourageait et me livrait un présage favorable. Avec aisance, « *sans même me lever de mon siège* », je fis chanter la corde, visai et tirai droit au but. D'une hache à l'autre, ma flèche suivit sa trajectoire rectiligne.

D'un bond, je me trouvai sur le seuil du *mégaron*. Je déclarai aux prétendants éberlués que nous en avions fini avec ces jeux anodins. Une partie plus sérieuse s'annonçait. Je décochai ma première flèche sur Antinoos qui s'apprêtait à porter une coupe à ses lèvres. La pointe traversa la gorge et ressortit par la nuque. Il s'effondra. Les prétendants couraient en tous sens. Ils cherchaient vainement du regard un bouclier accroché aux murs puis, réalisant que les armes avaient été ôtées, ils allèrent se réfugier au fond du *mégaron*, pris comme des poissons dans une nasse. Je les toisai comme j'en mourais d'envie depuis longtemps : « *Ah ! chiens, vous pensiez donc que, du pays de Troie, jamais je ne devrais rentrer en ce logis ! Vous pilliez ma maison ! Vous entriez de force au lit de mes servantes ! Et vous faisiez la cour, moi vivant, à ma femme ! Vous voilà maintenant dans les nœuds de la mort !* » Eurymaque tenta lâchement de m'amadouer en prétextant que le meneur était Antinoos et qu'il venait de payer ses forfaits. Il me jura que si je les épargnais, ils m'apporteraient bronze, or et bœufs pour me rembourser les vivres qu'ils avaient englouties. Je lui répondis que rien de tout cela n'allait empêcher mon bras de les abattre. Voyant que les pourparlers étaient vains, Eurymaque changea de tactique et exhorta ses compagnons à lutter pour me déloger du seuil et courir au bourg chercher du secours. Il dégaina son glaive, mais déjà ma deuxième flèche se plantait dans son foie.

Ce fut le début d'une sacrée pagaille. Télémaque frappait avec sa lance, aussitôt imité par mes deux alliés de fortune, Eumée et Philoitios, l'un porcher de son état et l'autre bouvier. Quant à mon chevrier, ce traître de Mélantheus, il parvint à se faufiler jusque dans la réserve où je gardais mes armes et revint chargé de piques, de casques et de boucliers qu'il distribua aux prétendants. Voilà qui corsait la situation. D'autant plus que Mélantheus s'apprêtait à retourner à la réserve pour quérir une seconde fournée d'armes. Heureusement, mon porcher et mon bouvier le plaquèrent au sol et le ligotèrent à une colonne. Athéna fit alors son apparition. Elle s'était métamorphosée en Mentor, ce vieil ami de toujours à qui j'avais confié l'éducation de Télémaque en mon absence. La déesse livra bataille à nos côtés, sans toutefois déchaîner toute sa puissance : elle voulait que mon fils et moi apportions la preuve de notre force et de notre courage. Pour ma part, je croyais en avoir déjà fait la démonstration, mais il est vrai que c'était le baptême du feu pour Télémaque. Le carnage prit fin lorsque l'haruspice Liodès me supplia de lui laisser la vie sauve car il n'avait jamais été que le devin embauché par les prétendants. Je lui répondis qu'en tant qu'haruspice, il avait forcément prié les dieux d'être favorables aux scélérats qui gisaient à présent dans la salle : « *Non, pas de pitié ! Pas de fuite ! La mort !* », et je lui plongeai une épée dans le cou. Seuls furent épargnés l'aède Phémios et le héraut Médon, pour qui Télémaque plaida non coupables.

Le sol du *mégaron* était jonché de cadavres. Ma vengeance était accomplie. Il ne me restait plus qu'à faire le ménage parmi les servantes. Je fis quérir ma vieille nourrice Euryclée et lui demandai lesquelles, parmi les cinquante domestiques du palais, m'avaient trahi et lesquelles m'étaient restées fidèles. Elle me nomma les douze domestiques coupables d'avoir été irrespectueuses envers ma femme ou de s'être encanaillées avec les prétendants. « *Fais-moi venir ici les filles que tu vis tramer des vilenies* ». La troupe des filles infidèles descendit du gynécée en pleurant. Je leur ordonnai d'emporter les cadavres à l'extérieur puis de laver à grandes eaux le *mégaron* couvert de sang. Je m'adressai ensuite à Télémaque, à Eumée et au bouvier : « *Faites-leur rendre l'âme à la pointe du glaive, sans en épargner une : c'est fini d'Aphrodite et des plaisirs de nuit aux bras des prétendants !* » Télémaque estima qu'elles n'étaient même pas dignes d'être passées au fil de l'épée : « *Il ne sera pas dit qu'une mort honorable ait terminé la vie de celles qui versaient l'opprobre sur ma mère et sur ma propre tête et qui passaient les nuits au lit des prétendants !* » Elles furent pendues. Quant à mon chevrier Mélantheus, il paya sa traîtrise comme il le méritait. On alla le chercher dans la réserve où il était ligoté. On le traîna dans la cour et on lui trancha le nez, les oreilles et le sexe. Ses membres coupés et sanguinolents furent jetés aux chiens qui se les disputèrent. Pour en finir, on lui coupa les mains et les pieds.

Je demandai à Euryclée de m'apporter du soufre pour fumiger le *mégaron* et la cour qui avaient grand besoin d'être purifiés. Une fois les miasmes du massacre emportés dans les volutes soufrées, je retrouvai mon calme. Une pensée fugace me traversa l'esprit. Je me souvins de la démesure et de la cruauté avec lesquelles Achille avait vengé la mort de Patrocle. Je me souvins à quel point il s'était acharné sur la dépouille d'Hector et comment il avait sacrifié douze jeunes Troyens aux mânes de son ami. Ne venais-je pas d'en faire autant en mutilant Mélantheus et en ordonnant l'exécution des douze esclaves infidèles ? Mais je chassai cette réflexion car le moment était venu de passer à l'essentiel : je fis mander Pénélope.

## Les retrouvailles

La vieille Euryclée monta au gynécée, tout à la joie d'annoncer la bonne nouvelle à sa maîtresse. En entrant dans la chambre, elle cria : « *Lève-toi, Pénélope, Ulysse est revenu !* » La croyant devenue folle, Pénélope la morigéna. Euryclée insista en évoquant la cicatrice qu'elle avait vue en me donnant le bain. Pas convaincue pour autant, Pénélope descendit et vint s'asseoir en face de moi. Elle gardait les yeux baissés et ne pipait mot. Elle semblait bouleversée. Athéna m'avait rendu ma physionomie, et pourtant ma femme ne me reconnaissait pas. Télémaque lui reprocha sa circonspection, mais je pris la défense de Pénélope : « *Bientôt, ta mère pourra me reconnaître. Je suis sale, tu vois, et couvert de haillons ; son mépris la retient de voir Ulysse en moi !* » De surcroît, me disais-je, je suis parti à l'âge de vingt-cinq ans et me voilà de retour à quarante-cinq ans : toutes les épreuves que j'ai subies m'ont peut-être vieilli au point de me rendre méconnaissable ? Sur ce, je me retirai pour me rendre présentable. Baigné, frotté d'huile, habillé correctement, je revins trouver Pénélope qui n'avait pas bougé. Cette fois, son regard s'illumina. Je n'étais plus le loqueteux mendiant qu'elle avait accueilli sous son toit, mais un homme robuste en qui elle pouvait reconnaître son mari.

Toutefois, son scepticisme de bon aloi l'incita à m'éprouver davantage. Et moi, dont l'esprit rusé est célèbre, durant un instant, je me laissai berner par la prudence avisée de ma femme. Elle déclara avoir repris son calme et ordonna à Euryclée d'aller dans le gynécée préparer le lit conjugal puisque son époux était revenu. C'était une ruse destinée à s'assurer que j'étais bien son Ulysse à elle. En effet, notre lit ne se trouvait évidemment pas dans l'appartement des femmes mais dans notre chambre d'où il était impossible de le déplacer. Je vous ai déjà parlé de ce lit et de la façon dont je l'avais construit au lendemain de nos noces : j'avais équarri le fût d'un olivier et j'avais installé le lit autour de l'arbre enraciné. J'avais finalement élevé les murs de notre chambre autour de la couche. Déplacer cette structure de notre chambre jusque dans le gynécée était tout simplement impossible, à moins de couper l'olivier. Pénélope savait qu'elle partageait un secret avec son mari : la fabrication de notre lit conjugal était notre secret à tous deux, le symbole[79] de notre union qui, comme le lit lui-même, devait être indéracinable.

Je ne tombai pas dans le piège et demandai si notre lit était toujours à sa place ou si, pour le tirer ailleurs, quelqu'un avait coupé le tronc de l'olivier. Il n'en fallait pas plus pour convaincre Pénélope de mon identité. Elle se jeta dans mes bras, m'enlaça, me baisa le front et, tout en pleurant, me pria d'excuser son excès de méfiance : « *Pardonne et sois sans amertume si, du premier abord, je ne t'ai pas fêté ! Dans le fond de mon cœur veillait toujours la crainte qu'un homme ne me vînt abuser par ses contes. Mais tu m'as convaincue ! La preuve est sans réplique ! Tel est bien notre lit !* » Je tenais dans mes bras la femme de mon cœur, ma fidèle compagne ! Nous échangeâmes longuement nos souvenirs : elle me parla de sa résistance aux prétendants et moi je racontais mes errances en mer. La nuit était avancée lorsque nous gagnâmes le lit qui nous réunit comme autrefois, goûtant les plaisirs d'une seconde nuit de noces et les charmes de nos confidences réciproques.

[79] Voir la note 19.

Avant de plonger dans le sommeil, je lui fis part de la prédiction de Tirésias : à peine rentré chez moi, je devrais repartir au loin, aller de ville en ville en portant en mains une rame. Mes pas me mèneraient tellement loin que j'arriverais « *chez des gens qui ignorent la mer, ne mêlent jamais de sel aux mets qu'ils mangent et ignorent les vaisseaux* ». J'y rencontrerais quelqu'un qui, ignorant ce qu'est une rame, me demanderait pourquoi je transporte une pelle à pains. C'est alors que je devrais planter ma rame et faire un sacrifice à Poséidon. Pénélope m'interrompit pour me signifier que le sens du présage lui semblait évident : ce voyage au cœur du continent, cette façon d'abandonner ma rame et cette offrande à Poséidon, tout cela signifiait que j'allais faire mes adieux à ma vie errante de marin et de naufragé, tourner le dos aux aventures sur mer et m'enraciner sur la terre. Je reconnus qu'elle avait sans doute raison. Le présage de Tirésias ne s'arrêtait pas là : après cet ultime voyage, je rentrerais chez moi. À ce moment du récit, Pénélope soupira d'aise. Tirésias terminait toutefois sa prédiction en précisant que la mer, cette mer que j'aurais quittée une fois pour toutes, m'enverrait la plus douce des morts. Ces propos étaient sibyllins. Une chose cependant semblait sûre : je ne succomberais que devenu vieux. Sur ces mots, nous nous endormîmes enlacés.

## Laërte

Le lendemain, je me rendis à l'extrémité nord de l'île. C'était là, à seulement une petite heure de marche de mon palais, que mon père Laërte s'était retiré du monde et vivait en compagnie de ses chèvres et de trois esclaves. Je le trouvai en train de bêcher. Accablé depuis la mort de ma mère et n'espérant plus mon retour, il se laissait aller au chagrin. Le vieillard dont le beau visage était buriné par le soleil ne portait qu'une tunique noircie et rapiécée. Son triste état me fit songer à celui d'Argos sur son tas de fumier. Plutôt que lui sauter au cou, je décidai d'avoir recours une fois encore au subterfuge. Changer mon identité, me cacher sous les traits d'un autre, me faire passer pour n'importe qui et Personne, voilà qui était devenu ma seconde nature. En fait, je voulais voir si mon père allait me reconnaître après vingt ans d'absence. Je me présentai donc comme un voyageur à la recherche d'un dénommé Ulysse qui vivait sur cette île. Je lui demandai s'il pouvait me renseigner. Le vieil homme en fut tout remué. Ses sanglots éveillèrent les miens. Ému par sa détresse, je m'élançai vers lui et le pris dans mes bras : « *Mon père, le voici celui que tu attends. Je reviens au pays après vingt ans d'absence* ». La longue attente de mon retour avait entamé la confiance de Laërte comme elle avait érodé celle de Pénélope. Lui aussi me demanda des preuves : « *Je ne veux me fier qu'à des marques certaines* », me dit-il en m'observant d'un œil soupçonneux. Je lui montrai ma cicatrice et lui désignai en outre tous les arbres qu'il avait plantés dans ce domaine lorsque j'étais enfant et qu'il m'avait donnés : treize poiriers, quarante figuiers, dix pommiers, cinquante rangs de ceps ! Convaincu par mon argument comme Pénélope l'avait été par celui du lit conjugal, il jeta ses deux bras à mon cou.

Ainsi s'achevèrent ces longues et difficiles retrouvailles avec les miens. Télémaque avait à nouveau un père, Laërte un fils, Pénélope un époux, Ithaque un roi. J'étais enfin chez moi. Il me fallut encore calmer la colère des familles des prétendants que j'avais massacrés. Eupithès, le père d'Antinoos, soulevait ces gens contre moi : non seulement, j'avais emmené une foule de braves Achéens à la guerre et je les avais tous perdus, mais en plus je revenais au pays sans vaisseau ni le moindre butin, et pour couronner le tout je tuais leurs fils ! Il criait vengeance. En revenant du domaine de Laërte, nous tombâmes sur les pères, frères et fils endeuillés qui étaient venus récupérer les dépouilles des prétendants. Une bagarre éclata aussitôt. Laërte nous surprit tous. Quoique tout cassé de vieillesse, ce fut lui qui porta le premier coup. Nos retrouvailles l'avaient ranimé d'une vigueur nouvelle. Il brandit sa pique et l'envoya frapper le casque d'Eupithès. L'homme s'effondra, allant rejoindre dans l'Hadès l'âme de son fils. Le combat se poursuivit et nous nous apprêtions à faire mordre la poussière à tous nos opposants lorsque les dieux estimèrent que le sang avait assez coulé et que je méritais de récupérer mon sceptre sans plus combattre. Athéna m'ordonna de mettre fin à la lutte et du haut de l'Olympe Zeus Père versa l'oubli dans l'esprit des parents de tous ceux que nous avions tués. La paix fut rétablie et Ithaque connut une nouvelle ère de prospérité[80]. Nous dressâmes alors un vaste bûcher pour incinérer tous les cadavres. Le lendemain, je retournai dans la grotte des Nymphes où j'avais caché mon trésor phéacien et je leur adressai un sacrifice.

## Mon dernier voyage[81]

Pénélope terminait son linon. Cette fois-ci cependant, elle maniait la quenouille en chantant et ne se levait pas la nuit pour défaire ce qu'elle avait tissé le jour. Je goûtais les plaisirs simples d'une vie familiale et je tâchais de rattraper le temps perdu auprès des miens. Je passais des heures en compagnie de Pénélope. Télémaque et moi parcourions l'île, tantôt à pied tantôt en la contournant en barque. Je consacrais des soirées à discuter avec mon père qui ne se lassait pas d'entendre encore et encore mes récits d'aventurier. Comme il était fier de son fils ! Je m'arrêtais volontiers dans la cabane d'Eumée où une coupe de vin m'attendait toujours. Le brave porcher ne manquait jamais de me rappeler à quel point il était heureux de ne plus devoir livrer quotidiennement un cochon aux banqueteurs dont il maudissait la mémoire en crachant à terre. Et souvent, le soir, j'invitais tout ce monde à ma table. Le repas se clôturait systématiquement par une flambée au cours de laquelle je devais revenir sur la colère d'Achille, la construction du cheval de Troie, l'histoire de Polyphème, ou décrire le chant des Sirènes et la monstruosité

80 C'est sur cette paix retrouvée que s'achève l'*Odyssée.* Les grammairiens de l'époque alexandrine, pères fondateurs de la philologie, estimaient que ce dernier chapitre était un ajout tardif et maladroit. Selon eux, l'*Odyssée* s'achevait avec les retrouvailles des deux époux. De nombreux modernes partagent cet avis et estiment que la fin du récit est une interpolation (comme bien d'autres passages d'ailleurs).

81 À partir d'ici, le récit aborde les événements survenus après la fin de l'*Odyssée.* Ces dernières aventures d'Ulysse, dont ne traita pas Homère, ont été racontées par les auteurs posthomériques dont il a été question dans le préambule.

de Scylla. Il y avait bien sûr quelques épisodes sur lesquels, par respect pour Pénélope, je ne m'appesantissais jamais : l'accueil plus que chaleureux que m'avait réservé Polyméla dans l'île d'Éole, ou l'amour de Circé dont naquit mon fils Télégonos, et encore moins la passion de Calypso qui me proposait de partager son immortalité et qui elle aussi devint la mère de deux fils, Nausithoos et Nausinoos.

Cela faisait deux semaines que le calme était revenu sur Ithaque. Deux semaines sans rien à signaler sinon le fil des jours qui passaient paisiblement. Les baroudeurs en tout genre me comprendront : celui qui a savouré le goût du départ et du voyage garde en permanence le regard porté sur l'horizon qui l'appelle. Je me dis qu'il était temps de me soumettre au destin annoncé par Tirésias. Pénélope ne protesta pas : elle savait comme moi que les paroles d'un devin se réalisent toujours, qu'on le veuille ou non. De surcroît, elle m'aimait au point de vouloir ce que je désirais. Elle avait vu dans mes yeux l'irrésistible appel de l'ailleurs.

Je pris mon baluchon et me fis conduire par le passeur sur le continent. Seul et à pied, je remontai vers le nord, à travers l'Épire, jusqu'au pays des Thesprotes. Je m'arrêtais ici et là dans les villages et je discutais avec les gens. Ils n'avaient jamais vu la mer et leurs plats étaient fades car ils ignoraient jusqu'à l'existence du sel marin. Je portais une rame sur mon épaule, objet pour le moins insolite et parfaitement inutile sur la terre ferme. Je ne m'arrêtai que le jour où un passant intrigué me demanda pourquoi je trimbalais ainsi une pelle à pains. Le présage de Tirésias s'accomplissait exactement comme il me l'avait annoncé. Je plantai donc ma rame et adressai un plantureux sacrifice à Poséidon. J'immolai un bélier, un taureau et un gros verrat. Cette offrande scellait en quelque sorte ma réconciliation avec le dieu qui m'avait tant ballotté sur les flots.

Tout était accompli, plus rien ne me retenait au pays thesprote. Plus rien, si ce n'est que ma réputation de « preneur d'Ilion » et d'aventurier sur les mers me précédait et me suivait. Callidicé, la reine des Thesprotes, eut vent de ma présence en son royaume. Elle envoya ses gens me quérir. Elle m'invitait en son palais. Comment refuser ? La reine, qui vivait seule, m'offrit sa table et son lit. Elle me supplia de rester auprès d'elle et m'offrit même son royaume si j'acceptais de partager sa vie. Je me dis que je n'avais pas refusé l'immortalité auprès de Calypso pour vivre aux côtés d'une reine épirote. J'acceptai toutefois de rester le temps de régler les conflits qui menaçaient son royaume. Une guerre l'opposait en effet aux peuples voisins. Il sera bien temps, me disais-je, de rentrer dès que j'aurai mené à bien cette guerre qui, comparée à la prise de Troie, ressemblait à une tempête dans un verre d'eau. J'avais une autre raison de m'attarder quelque peu en Thesprotie : Callidicé était enceinte. Elle mit au monde un fils, Polypoetès. C'était mon quatrième fils illégitime, du moins si je n'en oublie pas un ici ou là. Sous mon commandement – et sans fausse modestie je crois ne pas exagérer en disant *grâce* à mon commandement –, la victoire fut vite remportée. Cependant, Callidicé qui ne craignait pas de se lancer dans la mêlée fut tuée au combat. Je remis aussitôt le royaume entre les mains de Polypoetès, lui souhaitai bonne chance et m'en revins à Ithaque. J'avais hâte de revoir Pénélope et de sentir sur ma peau les embruns salés de la mer Ionienne. Une heureuse surprise m'attendait au pays. Pénélope était enceinte lors de mon départ pour le continent, mais à l'époque nous l'ignorions encore elle et moi. À mon retour, elle m'accueillit avec notre enfant. Elle m'avait donné un second fils, Poliporthès.

Tirésias avait prédit qu'après ce dernier voyage je vieillirais auprès de ma femme et vivrais longtemps heureux. De fait, les années ont passé, j'ai déposé mon père en terre et j'ai renoncé aux aventures. Il y a un temps pour tout et ma vieillesse apprécie la vie sédentaire. Je passe mes vieux jours à parcourir mon archipel, je vois grandir Poliporthès, je regarde Pénélope qui tisse et je l'aime. Et puis aussi, je consacre toutes mes soirées et une bonne partie de mes nuits à confier mes souvenirs aux tablettes que vous êtes en train de lire. Ainsi, je vis dans mes souvenirs une bonne partie du temps qui m'est imparti. Mon épopée ne mérite-t-elle pas le détour ?

# Épilogue de la main de Télémaque

## Télégonos et la mort d'Ulysse[82]

*Mon épopée ne mérite-t-elle pas le détour ? C'est par cette question que se termine le récit de mon père. J'avais promis en introduction de ne reprendre le stylet qu'au terme de son autobiographie. Voilà venu le moment de compléter son récit en vous contant comment il mourut. Vous vous souvenez sans doute du présage de Tirésias : le devin lui avait prédit que, rentré au pays après son ultime voyage, il y connaîtrait une fin heureuse à un âge avancé. Sa mort lui viendrait de la mer. Voilà l'ultime mystère que le rusé Ulysse n'a pas eu le temps de vous conter car il n'en a compris le sens qu'au moment d'expirer, le sourire aux lèvres et le regard porté sur l'horizon marin. Voici donc le récit du parricide involontaire que commit mon demi-frère Télégonos. Pour bien l'appréhender, retenez que si mon nom Télémaque désigne « celui qui est resté loin du combat » (car j'étais trop jeune pour prendre part à l'expédition contre Troie), le nom dont on affubla mon demi-frère Télégonos signifie « celui qui est né au loin ». De fait, Télégonos est né des amours passagères d'Ulysse et de Circé, en une lointaine terre où la magie faisait loi.*

[82] La mort d'Ulysse est racontée dans la *Télégonie* écrite par Eugammon de Cyrène au VI^e^ siècle avant notre ère. Comme tous les autres poèmes du *Cycle troyen,* celui-ci ne nous est pas parvenu, mais nous en possédons un résumé fait par le mythographe Proclus.

*Pendant que mon père séjournait chez Calypso puis revenait à Ithaque grâce aux bons soins des Phéaciens, Circé élevait le fils qu'elle avait eu avec lui, mon demi-frère. Lorsque Télégonos fut devenu adulte, Athéna conseilla à Circé de lui révéler qu'il était le fils d'Ulysse. Aussitôt, il n'eut plus qu'une pensée : partir à la recherche de ce père, inconnu de lui et pourtant célébré et chanté par les aèdes. Circé lui confia une arme dont il risquait bien d'avoir besoin dans sa quête. À l'instar des armes d'Achille, c'était une lance qu'avait jadis confectionnée Héphaïstos lui-même. Elle était surmontée d'un dard venimeux de raie. Télégonos prit la mer avec quelques compagnons, mais une tempête, très certainement voulue par les dieux, jeta le bateau sur les côtes d'Ithaque. Il ne pouvait mieux tomber puisque celui qu'il cherchait était le roi de cette île. Cependant, Télégonos ignorait où il avait fait naufrage. Il partit avec ses compagnons à la recherche de vivres. Il ne leur fallut pas longtemps pour dénicher les troupeaux d'Ulysse qui paissaient un peu partout sur l'île. Profitant de l'aubaine, ils se mirent à piller le cheptel. Le chevrier eut le temps de se sauver et accourut au palais pour avertir Ulysse que des brigands chapardaient ses bêtes. Ulysse empoigna son épée et courut tête baissée avec quelques compagnons pour sauver son bien. Une lutte s'engagea entre le père et le fils qui, bien évidemment, ignoraient mutuellement à qui ils avaient affaire. Malgré son grand âge, mon père avait gardé une forme athlétique, mais il était devenu plus lent et ses gestes étaient moins sûrs. Il ne put esquiver le coup que lui porta Télégonos avec sa lance. Le dard de raie pénétra dans la peau d'Ulysse et le venin fit son office. La prophétie de Tirésias s'accomplissait : « C'est de la mer que viendra ta mort ».*

*Pendant que le poison se répandait dans ses veines et qu'il agonisait, Ulysse eut le temps d'échanger quelques mots avec Télégonos. Il lui parla du présage de Tirésias mais aussi d'un autre oracle qui l'avait averti de se méfier de la main de son fils. Il avait toujours cru que cet oracle me concernait, moi Télémaque. Il demanda donc à cet étranger qui il était et d'où il venait. « Je suis Télégonos, fils d'Ulysse », lui répondit mon demi-frère. Pour une fois, mon père ne dissimula pas son identité : « Et moi, je suis Ulysse, roi d'Ithaque, ton père ». Sur ces paroles il rendit l'âme, le sourire aux lèvres et le regard perdu sur l'horizon marin. Il ne restait plus à Télégonos qu'à se lamenter et à maudire les dieux dont il avait été le jouet, ainsi que nous le sommes tous.*

# Postface

## Ulysse à travers les âges

Aux environs de 200 de notre ère, le mythographe Apollodore tenta de classer les mythes grecs en un récit chronologique et cohérent. Selon lui, la mort d'Ulysse marqua la fin de l'âge des héros et donc de la mythologie. Apollodore s'est trompé : la mythologie survécut à Ulysse et le personnage d'Ulysse survécut à lui-même. Le héros d'Homère a continué à inspirer des générations de poètes et de romanciers. J'ai déjà évoqué dans l'introduction ces poètes qui, du VIII$^e$ au VI$^e$ siècle avant notre ère, complétèrent l'épopée homérique en relatant les événements antérieurs à l'*Iliade* et postérieurs à l'*Odyssée.* La *Télégonie* d'Eugammon de Cyrène est le plus récent de ces poèmes posthomériques. Les autres récits du *Cycle troyen* se plurent à imaginer diverses façons de clore l'épopée d'Ulysse. Le résultat est souvent saugrenu.

La *Télégonie,* que j'ai interrompue à la mort d'Ulysse dans les bras de son fils, proposait une suite assez loufoque : Télégonos aurait emmené le corps d'Ulysse ainsi que Pénélope et Télémaque dans l'île de Circé. La magicienne aurait livré la dépouille de son ancien amant au feu du bûcher. Comme si cela ne suffisait pas, Télémaque se serait marié avec Circé, tandis que Télégonos aurait épousé Pénélope ! Circé aurait ensuite envoyé la veuve d'Ulysse et son fils dans les Îles Fortunées. En d'autres termes, la magicienne les aurait rendus immortels. De leur union serait né Italos, l'ancêtre éponyme des Italiens. Ce bricolage généalogique, plutôt boiteux, permettait de faire remonter le monde latin jusqu'à Ulysse lui-même, exactement comme d'autres, Virgile en tête, imaginèrent que Romulus était un descendant du troyen Énée. Le récit établissait en outre un parallèle inattendu entre la geste odysséenne et le mythe d'Œdipe : Télégonos et Œdipe ignoraient qui était leur père et le tuèrent sans l'avoir reconnu, puis ils épousèrent sa veuve. D'autres auteurs tardifs ont imaginé que Télémaque n'épousait pas Circé, l'ancienne maîtresse de son père, mais plutôt Nausicaa. L'histoire était suffisamment connue pour qu'au Vᵉ siècle avant notre ère l'orateur athénien Andocide prétendit être un lointain descendant de ce couple mythique.

Les épigones d'Homère proposèrent une version surprenante du retour d'Ulysse à Ithaque. Le héros y constata que, loin de l'avoir attendu fidèlement en tissant, sa femme s'était offerte à tous les prétendants ou, à tout le moins, à l'un d'entre eux, Amphinomos. Ulysse aurait alors renvoyé sa femme adultère dans sa ville natale, à Sparte. L'infidèle serait morte à Mantinée où s'élevait sa tombe.

D'autres encore ont prétendu qu'Ulysse, accusé par les parents des prétendants d'avoir massacré la noblesse locale, s'en remit au jugement de Néoptolème, devenu roi d'Épire à son retour de Troie. Néoptolème le condamna à l'exil en Étolie. Il y épousa la fille du roi Thoas, et de leur union naquit un fils, Léontophonos. Une variante le fait épouser Évippé, fille du roi d'Épire Tyrimmas. Évippé lui donna un fils, Euryale. Devenu grand, cet Euryale fit comme Télégonos : il se rendit à Ithaque pour retrouver son père et se faire reconnaître par lui. Par malchance, il débarqua à Ithaque durant l'absence d'Ulysse. Pénélope reconnut en Euryale le fruit des amours adultérines de son mari et lorsque celui-ci revint, elle lui affirma que le jeune homme était venu pour l'assassiner. Ulysse fut dupe de la ruse et tua son fils sans savoir ce qu'il faisait.

Selon Plutarque, fin connaisseur des antiquités grecques, Néoptolème ne bannit pas Ulysse en Épire, mais en Italie. Il y aurait rencontré Énée et les deux héros, qui s'étaient affrontés sous les murs de Troie, se seraient réconciliés. Tandis qu'Énée livrait bataille pour s'installer dans le Latium, Ulysse alla s'installer chez les Tyrrhéniens (les Étrusques de Toscane) où il aurait pris le nom de Nanos, nom très approprié puisqu'il signifie « l'Errant » en étrusque. Il y serait mort de chagrin en apprenant le décès de Télémaque et de Circé.

L'historien Tacite n'a pas limité le voyage d'Ulysse à la péninsule italique. Selon lui, le héros aurait atteint les bords du Rhin en terre germanique. Il aurait ainsi élevé un autel sur les rives de ce fleuve situé aux extrémités occidentales du monde connu, exactement comme Alexandre le Grand le fit sur les rives du Gange aux frontières orientales de son empire.

Tout cela est bien confus, mais cette confusion atteste qu'il était tentant de prolonger l'épopée en imaginant une suite et une fin originales. En tout cas, la gloire posthume d'Ulysse ne fait aucun doute : un culte héroïque lui fut rendu à Ithaque même. Nous savons que des *Odysseia,* « jeux en l'honneur d'Odysseus », étaient célébrés dans l'île jusqu'au III^e^ siècle de notre ère. Or, les archéologues ont trouvé les traces d'un culte rendu dans une grotte située au nord d'Ithaque[83]. Ils y ont découvert des restes de trépieds en bronze datant du VIII^e^ siècle avant notre ère. Semblables trépieds constituaient souvent le prix offert aux vainqueurs des jeux funèbres célébrés en l'honneur des héros, comme ceux que décrit Homère en l'honneur de Patrocle ou ceux qu'Ulysse reçut des Phéaciens. Une remarquable découverte est venue confirmer l'hypothèse d'un culte rendu à Ulysse dans cette grotte. Il s'agit d'un tesson de terre cuite du III^e^ ou du II^e^ siècle avant notre ère et portant l'inscription : « Prière à Ulysse ». Cette dédicace témoignerait-elle que les marins venaient en ces lieux déposer une offrande votive au héros en espérant que, tout comme lui, ils reviendraient sains et saufs de leur périple ? Toute l'épopée d'Ulysse n'est-elle pas le récit d'un retour au pays ?

Ulysse réapparaît ici et là dans les tragédies de l'époque classique qui s'inspirent en grande partie de l'*Iliade* : du sacrifice d'Iphigénie jusqu'aux lamentations des Troyennes capturées par les Grecs en passant par le suicide d'Ajax, la guerre de Troie s'est invitée au théâtre. Quant à l'*Odyssée,* on perçoit nettement son in-

[83] Il s'agit de la grotte Loïzos (d'après le nom de son découvreur) située à Port Polis.

fluence dans les *Argonautiques* d'Apollonios de Rhodes : Jason en quête de la toison d'or parcourt les mers à l'instar d'Ulysse. L'œuvre du poète érudit Apollonios de Rhodes nous mène au IIIe siècle avant notre ère. En cette époque hellénistique où Alexandrie était devenue le centre intellectuel du monde antique, une ville commençait à faire parler d'elle : Rome.

Il n'est pas fortuit que la littérature latine naisse elle aussi sous le signe d'Homère. Apparue au IIIe siècle avant notre ère, elle est la fille de la littérature grecque. Le premier auteur de langue latine, Livius Andronicus, était un ancien esclave de Tarente, ville grecque du sud de la péninsule italienne. Il écrivit une *Odissia*, traduction ou adaptation de l'*Odyssée* en latin. Ainsi, le premier vers de l'*Odyssée*, *Ἄνδρα μοι ἔννεπε, μοῦσα, πολύτροπον*, devint *Virum, mihi, Camena insece versutum* : « Muse, raconte-moi l'homme aux mille tours ». En d'autres termes, le tout premier mot (*virum*) qui ouvre l'histoire de la littérature latine désigne l'homme aux mille tours (*versutum*), Ulysse. Quoi de plus normal si l'on songe que la tradition avait situé la majeure partie des voyages et naufrages d'Ulysse dans la partie occidentale du bassin méditerranéen et sur les rives de l'Italie. Ne prêtait-on pas à Ulysse et Circé un fils – frère de Télégonos – nommé Latinos, ancêtre éponyme des Latins ? Ulysse, rappelons-le, était censé avoir croisé Énée en Italie et s'être ensuite installé au pays étrusque. L'*Odyssée* fut donc récupérée pour jeter un pont entre l'Orient grec et l'Occident latin.

L'influence d'Homère imprègne la culture romaine dès sa naissance et se confirme siècle après siècle. Ennius, père fondateur de l'épopée latine au IIe siècle avant notre ère, se présentait lui-même comme une réincarnation romaine d'Homère. Quant à Virgile, le maître de la poésie latine, il fut dès son vivant considéré comme un *alter Homerus*. Son *Énéide*, chef-d'œuvre rédigé peu avant notre ère, est à Rome ce que les poèmes homériques sont à la Grèce : un livre sacré, une Bible. Virgile a inversé l'ordre des événements : l'épopée d'Énée commence par une *Odyssée* (ses errances pour atteindre l'Italie) et se termine par une *Iliade* (la guerre qu'il doit livrer pour s'établir dans le Latium). Malgré cette inversion, Virgile emprunte une foule d'épisodes à Homère : la tempête en mer, l'exploration de terres inconnues, la célébration de jeux funèbres, la descente aux enfers, la description minutieuse d'un bouclier, le siège d'un camp militaire, le séjour dans les bras d'une femme qui le retient (Didon alias Calypso). Même le cheval de Troie et la méfiance de Laocoon y figurent (*Timeo Danaos et dona ferentes*). Les emprunts sont si nombreux et si évidents que des critiques littéraires romains lui en firent le reproche. On accusa Virgile de « vols » et on dressa des listes des « plagiats ». À ces critiques, le poète rétorqua : « Que n'essaient-ils de commettre les mêmes larcins ? Ils verraient qu'il est plus facile de dérober sa massue à Hercule qu'à Homère un de ses vers ». De fait, il suffit de lire l'*Énéide* dans le texte pour en apprécier toute l'originalité : Virgile s'est inspiré d'Homère, mais ne l'a nullement plagié et son Énée sent la romanité autant qu'Ulysse fleure bon la Grèce.

Voilà tout pour l'Antiquité. Si nous parcourons à grandes enjambées la littérature européenne sur les traces d'Ulysse, nous constatons qu'elle n'hésite pas à accorder au héros une place digne de lui.

Même si le Moyen Âge préféra la théologie à la mythologie, celle-ci ne fut jamais oubliée. *La Divine Comédie* de Dante, chef-d'œuvre de la littérature médiévale, est tout imprégnée de l'imaginaire gréco-romain. Lors de sa visite de l'au-delà sous la conduite de Virgile en personne, Dante voit Ulysse dans le huitième des neuf cercles concentriques dont se compose l'enfer. C'est là que les fraudeurs et les conseillers perfides sont condamnés aux flammes éternelles. Ulysse y est puni pour « l'astuce du cheval » et « le Palladium dérobé ». Le héros grec termine donc en enfer à cause de ses ruses et tromperies. Mais son péché ne s'arrête pas là. Ulysse explique au poète qu'après avoir quitté Circé, il fut incapable de contenir sa soif du voyage et partit explorer les horizons marins, sans jamais revenir à Ithaque : « Ni le très grand amour que j'avais pour mon fils,/ Ni l'amour filial, ni la foi conjugale qui devait rendre heureux le cœur de Pénélope/ N'ont été suffisants pour vaincre en moi la soif/ que j'avais de savoir tous les secrets du monde,/ Tous les vices de l'homme, ainsi que ses vertus./ Je repris donc la mer et partis vers le large ». Il franchit les colonnes d'Hercule et parvint « au bout de l'Occident » car il voulait savoir de quoi est fait le monde. Cet attrait du savoir, cette volonté de découvrir, ce goût pour l'inconnu le conduisent à sa perte car un tourbillon happe son navire et l'engloutit. Le voilà en enfer. Dante vécut au XIIIe siècle, en un temps où le christianisme décrétait que le désir excessif de connaissance est un péché mortel. Pire, c'est le péché originel. La *libido sciendi* d'Ulysse contrevenait à l'interdiction de mordre dans la pomme de la connaissance. Adam n'a-t-il pas été chassé du paradis pour y avoir mordu ? On peut supposer que Dante aurait envoyé dans les flammes de l'enfer les Chistophe Colomb, Vasco de Gama et autres Magellan qui, tous à leur façon, poursuivirent le rêve que le poète italien prête à Ulysse : aller voir ce qu'il y a au-delà de l'horizon. Soit un crime de lèse-majesté à l'égard de Dieu.

Joachim du Bellay, poète de la Pléiade, a passé quatre ans à Rome au service de son oncle, cardinal. Il a vécu ce séjour à l'étranger comme un exil durant lequel il n'aspirait qu'au retour. C'est pourquoi le poète chanta en un célèbre sonnet le bonheur d'Ulysse d'être rentré chez lui : « Heureux qui, comme Ulysse, a fait un beau voyage,/ Ou comme cestuy-là[84] qui conquit la toison,/ Et puis est retourné, plein d'usage et raison,/ Vivre entre ses parents le reste de son âge ! » Dante imaginait Ulysse impatient de repartir, du Bellay au contraire le crut heureux de retrouver ses Pénates. C'est de loin l'opinion de Dante qui s'imposa à tous ceux qui proposèrent une réécriture du mythe. Selon le philosophe Vladimir Jankélévitch, Ulysse ne pouvait se satisfaire de ses charentaises. Le présage de Tirésias annonçait cette intranquillité du voyageur toujours avide de nouvelles aventures.

Au XVIIe siècle, notre héros se glisse jusque dans les *Fables* de La Fontaine. L'épisode de Circé donne au fabuliste l'occasion de disserter sur la condition humaine et sur les passions. Dans *Les compagnons d'Ulysse*, le héros « sut se défier de la liqueur traîtresse », alors que ses compagnons burent le « breuvage délicieux, mais plein d'un funeste poison ». Les voilà transformés en animaux. Mais le charme d'Ulysse opère : « Comme il joignait à la sagesse/ La mine d'un héros et le doux entretien,/ Il fit tant que l'enchanteresse/ Prit un autre poison peu différent du sien ». L'autre poison en question est évidemment l'amour : Circé tombe amoureuse et déclare sa flamme. « Ulysse était trop fin pour ne pas

[84] Il s'agit de Jason.

profiter/ D'une pareille conjoncture:/ Il obtint qu'on rendrait à ces Grecs leur figure ». Cependant aucun d'eux ne désire redevenir humain. Le lion apprécie son statut de roi des animaux : « Moi, renoncer aux dons que je viens d'acquérir !/ J'ai griffe et dent, et mets en pièces qui m'attaque./ Je ne veux point changer d'état ». L'ours et le loup lui opposent le même refus. Au diable les actions héroïques ! « Ils croyaient s'affranchir suivant leurs passions,/ Ils étaient esclaves d'eux-mêmes ».

En 1842, le poète anglais Tennyson publie *Ulysses*. Son Ulysse, revisité par le romantisme, est aux antipodes de celui de du Bellay qui se réjouissait d'être rentré au bercail. Quant à la condamnation de Dante, elle est désormais surannée. Loin de vouloir rester assis au coin du feu, Ulysse se languit sur son île et ne songe qu'à abandonner son royaume et sa famille : « Je ne puis me passer de voyages ; j'entends boire/ La vie jusqu'à la lie », et aussi : « Quelle tristesse de s'arrêter, de marquer le pas ». Il lègue donc sans regret son sceptre et son île – qui ne sont à ses yeux que des « rocs stériles » – à son fils Télémaque et s'adresse à ses marins : « Venez, mes amis, point n'est trop tard pour se lancer en quête/ D'un monde nouveau ; poussons au large et en rangs serrés,/ Fendons ces sillons sonores ; car je garde l'envie/ De voguer au-delà du coucher du soleil où baignent/ Toutes les étoiles occidentales, jusqu'à ma mort ». L'Ulysse de Tennyson est un héros tourmenté et assoiffé : « Comme si respirer était vivre !/ Une multitude de vies accumulées/ Eussent été trop peu pour moi ».

Ulysse occupe une place considérable jusque dans la littérature du XXe siècle. Composés en 1904, les *Poèmes conviviaux* du poète italien Giovanni Pascoli présentent eux aussi un Ulysse qui, après neuf ans passés au foyer, aspire au large. Alors qu'autour de l'âtre Pénélope s'imagine que son époux partage son bonheur, il reste silencieux car il s'ennuie. N'y tenant plus, il reprend la mer. Il s'en retourne à l'île du Cyclope et va retrouver les Sirènes car il veut entendre la vérité qu'elles chantent : « Dites m'en une seule, pour que du moins avant de mourir, j'aie vécu ». Mais les Sirènes se taisent. Ulysse les supplie : « Dites-moi seulement qui je suis, qui j'étais ». Peine perdue, Ulysse n'apprend rien d'elles et son vaisseau se brise entre les écueils. La quête a tué le héros. Sa dépouille est recueillie par Calypso qui se lamente sur le sort de l'homme qu'elle a aimé et à qui elle avait vainement offert l'immortalité : « Ne jamais être ! Ne jamais être ! C'est / plus de néant mais moins de mort,/ Que de ne plus être ».

En 1922, James Joyce s'empare du personnage et en produit une transcription très originale. Son roman *Ulysse* est une réécriture audacieuse de l'*Odyssée* et sans doute l'un des livres les plus importants de la littérature moderne. Sous la plume de l'écrivain irlandais, Ulysse devient un habitant de Dublin, Léopold Bloom, qui mène une vie ordinaire. Le livre relate ses pérégrinations, ainsi que celles de Stephen Dedalus, alias Télémaque, dans la ville durant la journée du 16 juin 1904. Tout se déroule entre le réveil de Bloom à 8 heures du matin et son passage dans le quartier des bordels à minuit où il rencontre Stephen Dedalus. Derrière cette banalité d'un quotidien quelconque, chaque déplacement dans les rues de Dublin est une transposition d'un épisode du récit homérique. L'escale au pays des Lotophages est rendue par une eucharistie et la descente en enfer par un enterrement. Le redoutable passage entre Charybde et Scylla est transposé dans une bibliothèque où il est question d'une hésitation entre Platon et Aristote, entre idéalisme et matérialisme, deux écueils de la pensée. Les Sirènes sont deux barmaids dont les voix criardes cherchent à enjôler Bloom pour le faire boire, tandis que Circé est réduite à une vulgaire maquerelle. Le Cyclope, quant à lui, est un citoyen nationaliste et bourru rencontré dans une taverne. Et ainsi de suite. En d'autres termes, l'épopée grecque sert d'infrastructure à ce roman labyrinthique qui, a dit un critique, « oscille sans cesse entre mythologisation du quotidien et quotidianisation du mythe ».

Bloom ressemble plus à Ulysse qu'on ne pourrait le croire au premier abord : il est agent de publicité et donc habile bonimenteur ; attiré par des « nymphes » irlandaises, il a une relation épistolaire avec une dactylo, alias Calypso, qui le tient « prisonnier ». L'*Ulysse* de Joyce partage aussi un point commun avec le héros de Tennyson et de Pascoli : en un monologue intérieur, il exprime son désir d'être ailleurs, son insatisfaction d'être qui il est, là où il est. Quant à son épouse, Molly Bloom, loin d'être fidèle comme Pénélope, elle repasse en pensée la liste de ses vingt-cinq amants, ce qui nous vaut un extraordinaire monologue intérieur d'une septantaine de pages sans la moindre ponctuation.

*Ulysse* de James Joyce est un roman-fleuve, « une cathédrale de prose » a-t-on dit. De même, *L'Odyssée* (1924-1932) de Nikos Kazantzakis est un monument : l'auteur crétois a écrit une suite aux aventures ulysiennes en un poème de 33.333 vers. Comme Tennyson et Pascoli, Kazantzakis imagine qu'Ulysse repart car sa quête est infinie. Chaque étape de son ultime voyage le place face à une nouvelle situation existentielle. Il goûte à toutes les sortes de vie possibles : tantôt amant, tantôt révolté contre la tyrannie, voire bâtisseur d'un nouveau monde, et même ascète. Sa première escale le mène à Sparte où, reproduisant le rapt de Pâris, il enlève Hélène qui s'ennuie dans la vie rangée qu'elle mène auprès de Ménélas. Passé à Cnossos, il prend la tête d'une révolte d'esclaves et de barbares contre le roi et incendie le palais avant de partir pour l'Égypte où il soutient le combat des opprimés contre le pharaon. Le voilà jeté en prison. Échappé de sa geôle, il poursuit sa route vers les déserts du sud. Il y fonde la cité idéale, un monde nouveau qu'il voudrait parfait. Mais le jour de l'inauguration de la cité, la terre s'entrouvre et engloutit cette construction utopique. Ulysse repart une fois de plus, toujours plus loin, vers le sud, dans la solitude et sans espoir. Il vit désormais en ascète libéré. Il a compris que tout est vain. Ultime étape de son errance initiatique : il construit son dernier bateau, étroit comme un cercueil, et gagne les glaces du Pôle Sud. Là, il se dilue dans la blancheur de la mer et du ciel. Il meurt, encore et toujours en quête de « la flamme inhumaine jaillie de nos noires entrailles ». Ulysse précise : « J'aime appeler Dieu cette flamme qui est en moi ».

En 1930, Jean Giono écrit *La naissance de l'Odyssée.* Dans ce texte savoureux, il imagine comment le récit homérique a pu voir le jour. Au lieu de rentrer chez lui à la fin de la guerre de Troie, Ulysse a parcouru la Méditerranée, d'île en île et de femme en femme : « Dans son souvenir, les pays étaient des femmes ». Il a ensuite inventé de toutes pièces son *Odyssée* pour justifier son absence de dix ans, et on l'a cru. Telle est l'origine de l'épopée : un ramassis de mensonges qui ont été pris au sérieux[85]. Sur la route du retour, Ulysse s'est arrêté un soir dans une auberge et s'est mis à affabuler. Dans le public qui l'écoutait se trouvait un poète guitariste aveugle. C'est lui qui a colporté le baratin du mari infidèle. Ulysse est donc un menteur, ce que l'on savait déjà, mais il est en outre un séducteur et un peureux : « Par-dessus la besace à mensonges, il avait de tout temps porté la peur ». Quant à Pénélope, elle n'était pas plus fidèle que son volage mari. Elle l'a trompé sans vergogne avec le prétendant Antinoos. Lorsqu'il a appris qu'Antinoos couchait avec sa femme et se gobergeait sur ses terres avec appétit, il s'est enfin décidé à rentrer. Ce n'est pas le chien Argos qui reconnut son maître, mais sa vieille pie Margotton. Comme dans le récit d'Homère, l'animal affectueux risquait de le trahir. Il saisit l'oiseau et « ses doigts se serrèrent sur le cou de la pie. Elle eut un petit hoquet vite éteint (…). Il la jeta morte dans l'herbe haute ». Antinoos est chassé et le couple réuni, mais Ulysse persiste à mentir à sa femme : « J'ai cherché ta chair dans leur chair », ou « À travers toutes, c'est toi que j'aimais ». Giono vide le récit épique de sa dimension merveilleuse pour nous livrer une version désacralisée du mythe qui continue ainsi à vivre de ses propres ailes.

Vivre de ses propres ailes, c'est bien ce que fait le mythe avec le roman *Paix à Ithaque !* (1952) de Sandor Marai. L'écrivain hongrois développe magnifiquement la *Télégonie* d'Eugammon de Cyrène et prolonge l'épopée en donnant successivement la parole à Pénélope, Télémaque (marié à Circé) et Télégonos (nouvel époux de Pénélope). Tous trois donnent chacun à son tour leur réponse à la question : « qui était vraiment Ulysse ? » Pénélope évoque un mari voyageur, tout à la fois amoureux, brutal et jaloux. Jaloux, un comble ! Lui qui était parti à la guerre « pour reconquérir son ancienne maîtresse », Hélène. L'épouse censée être le modèle de la vertu et attendre son mari adoré en tissant avoue que tout cela n'est que légende. En réalité, dit-elle, « je ne l'aimais pas, car son esprit vagabondait toujours ailleurs. J'aurais pu le tromper, car il me quittait sans cesse et il me trompait ». Entre autres avec cette vieille nymphe dépravée de Calypso qui porte une perruque

[85] Déjà au IIe siècle de notre ère, Lucien de Samosate dans ses *Histoires vraies*, parodie les voyages d'Ulysse en déclarant qu'il ne s'agit que de mensonges. Ulysse est parvenu à convaincre les Phéaciens de la véracité de ses récits qui ne sont que fariboles.

car elle est quasiment chauve. Du reste, Pénélope aussi le trompait, raison pour laquelle Ulysse l'exile lorsqu'il revient à Ithaque. Télémaque, quant à lui, a toujours haï et craint son père qu'il estime cupide, vaniteux, lubrique, sournois. Il est parti à la recherche de ce père absent, ce qui le conduit chez Calypso qui lui apprend qu'elle lui avait offert l'immortalité mais qu'il avait refusé car « il préférait rester homme ». Ou peut-être a-t-il eu « peur de s'ennuyer dans le monde des dieux », car il savait que « la mort donne de la tension à la vie ». Enfin, Télégonos, lui aussi sur les traces de son père, ne le retrouve que pour accomplir l'oracle : le tuer sans le reconnaître avec une lance aiguisée d'un dard de baleine.

La pièce de théâtre *La guerre de Troie n'aura pas lieu* (1935) de Giraudoux renvoie à la montée du totalitarisme dans l'Europe de l'entre-deux-guerres. Deux camps s'affrontent : les pacifistes et les bellicistes. Ulysse est envoyé en ambassade auprès des Troyens pour parlementer. Peut-être est-il partisan de la paix tout simplement parce qu'il trouve qu'« Andromaque a le même battement de cils que Pénélope ».

Dans son roman *Le mépris* (1955), Moravia propose une lecture psychanalytique des errances d'Ulysse. Pour comprendre le sens véritable du récit, c'est l'âme d'Ulysse qu'il faut explorer. Le héros est parti à la guerre pour échapper au mépris de Pénélope. « En réalité, et peut-être sans s'en rendre compte, Ulysse ne tenait pas à revenir chez lui, ne voulait pas retrouver Pénélope ». Celle-ci lui reproche de n'avoir pas réagi en homme face aux prétendants qui lui faisaient déjà la cour avant le déclenchement de la guerre de Troie. Et si Ulysse s'est attardé durant dix ans en mer avant de regagner son foyer, c'est parce qu'il savait qu'il y retrouverait ce mépris. « Il cherche dans son subconscient à se créer des obstacles pour ne pas revenir… son fameux esprit d'aventure n'est en vérité qu'un désir inconscient de ralentir son voyage, en se dispersant en aventures qui, en effet, l'interrompent et le détournent de sa route. Ce ne sont ni Charybde et Scylla, ni Calypso et les Phéaciens, ni Polyphème et Circé, non plus que les dieux qui s'opposent au retour d'Ulysse : c'est son propre subconscient qui lui crée à mesure de bons prétextes pour rester ici un an, là deux ans, et ainsi de suite ». Et finalement s'il tue les prétendants à son retour, c'est pour regagner l'estime de sa femme.

Tout récemment, dans le roman *Ulysse from Bagdad* (2008) d'Éric-Emmanuel Schmitt, le héros grec se transforme en un clandestin parti d'Irak pour rejoindre Londres. Oui, Ulysse est un expatrié toujours en route.

Ce rapide survol des métamorphoses d'Ulysse au fil des siècles ne vise nullement l'exhaustivité[86]. Et pour cause : l'*Odyssée* est le texte le plus réécrit de toute la littérature et Ulysse le héros le plus diversement réinterprété. On n'a cessé de revisiter son histoire fascinante et surtout de combler les silences d'Homère. Ulysse est un archétype et, en tant que tel, il se décline de mille et une façons. Chacune des versions proposées, qu'elle soit christianisée comme celle de Dante ou tournée en burlesque comme celle de Giono, se nourrit à la source homérique, quitte à lui faire subir de fond en comble une réécriture. Tel n'est-il pas le propre d'un mythe : pouvoir se transformer à chaque fois qu'il est conté ?

Les périples d'Ulysse d'après Victor Bérard (1864-1931), traducteur de l'*Odyssée* (1924). Les localisations proposées par Victor Bérard sont sujettes à caution. Le périple d'Ulysse ne nous emmène-t-il pas dans le monde irréel du mythe si peu enraciné dans la géographie ?

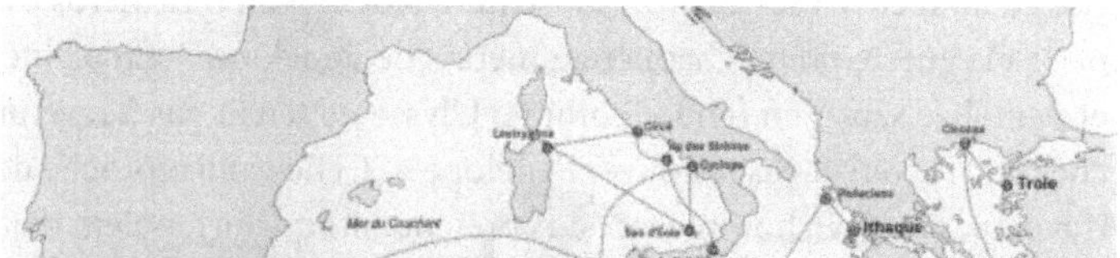


[86] L'exhaustivité exigerait de mentionner également qu'Ulysse a fait son entrée dans l'opéra avec Monteverdi, dans la poésie grecque contemporaine avec Constantin Cavafy, dans le péplum italien avec Mario Camerini et même dans les mangas et les jeux vidéo. Tout récemment, en 2020, Christophe Raylat a réalisé cinq épisodes *Dans le sillage d'Ulysse avec Sylvain Tesson* où le baroudeur Tesson, Ulysse des temps contemporains, déclare que « nul qui aura lu l'*Odyssée* ne pourra regarder le monde de la même manière ».

# Bibliographie sommaire

Les ouvrages et articles érudits consacrés à Ulysse se comptent par centaines. En faire ici une recension ne présente guère d'intérêt. Je me borne à citer les livres les plus récents auxquels le lecteur pourra se reporter s'il désire approfondir la question *ulysienne*.


Moses I. Finley, *Le monde d'Ulysse,* (traduit de l'anglais), Paris, Maspero, 1969 ; La Découverte, 1983.

Suzanne Saïd, *Homère et l'Odyssée,* Paris, Belin, 1993.

Simone Bertière, *Le roman d'Ulysse,* Paris, de Fallois, 2017.

Sylvain Tesson, *Un été avec Homère,* Paris, Équateurs France Inter, 2019.


Pour les traductions de l'*Iliade* et de l'*Odyssée,* elles aussi très nombreuses, j'ai eu recours à celle d'Eugène Lasserrre pour l'*Iliade* (Garnier-Flammarion, 1965) et à celle de Victor Bérard (Les Belles-Lettres, 1924 ; réédition Gallimard, 1955) pour l'*Odyssée.*

# Table des matières

## Du même auteur

*Les métamorphoses du divin,* Bruxelles, Espace de Libertés, 2002 ; 2e éd. augmentée en 2006 (préface de J. Rifflet).

*Le destin lunaire de l'âme,* Bruxelles, Espace de Libertés, 2006.

*Délices et supplices de l'au-delà, La vie après la vie,* (préface de V. Engel), Wavre / Paris, Mols / Desclée de Brouwer, 2010.

*Les tribulations de l'âme,* Wavre, Mols, 2014.

*De Byzance à Florence. Sur les traces de Pléthon,* Louvain-la-Neuve, EME, 2016.

*Les coups de foudre de Zeus,* Paris, Éditions du Panthéon, 2019.

## Dans la collection

# « Histoire en Mouvement »

---

1. LABARRE Guy, Le Dieu Mèn et son sanctuaire à Antioche de Pisidie, 2010.
2. VAN DALEN Alice, *Henri Van der Noot*, 2010.
3. D'SOUZA Florence (dir.), *Des voyages vers l'inconnu entre 1630 et 1880*, 2016.
4. NICAISE Boris, *Le complot des Pots-De-Beurre, Des Francs-Maçons résistent à Napoléon ! Récit historique*, 2016.
5. DE SCHUTTER Xavier, *De Byzance à Florence. Sur les traces de Pléthon*, 2016.
6. MARÉCHAL Jean-Claude, *Un agent parachutiste dans l'Histoire*, 2016.
7. BURGEON Christophe, *Autour des valeurs romaines : la* fides, *la* pietas *et la* virtus *des guerres puniques à la dynastie flavienne*, 2017.
8. BURGEON Christophe, *Rome et Carthage avant les guerres puniques. Les trois premiers traités romano-carthaginois décrits par Polybe*, 2018.
9. PELLETIER Stéphane, *Une histoire de la transition démocratique en Espagne. De la fin de la dictature franquiste à l'entrée dans la CEE*, 2019.
10. THYS Christian, *L'enfer de la rédemption nazie. Essai sur les carnets de Goebbels et Rosenberg*, 2019.

Made in the USA
Las Vegas, NV
08 November 2024

11381714R00095